たるみが消える!

顔ダンス

おきゃんママ
Okyanmama

FaceDance

Prologue

若顔が一生続くいちばん簡単な方法、教えます！

女性ならだれしも、いつまでも若々しく美しくありたいもの。若いころは自信に満ちあふれ、毎日がイキイキと輝いていたけれど、ある日突然、鏡の中に「オバサン顔」をした自分を発見し、愕《がく》然《ぜん》としたことのある方も少なくないでしょう。

「老け顔」を決定づけるのは、シワでもシミでもありません。

老けた印象を与える最大の原因は、顔面の下垂によって、顔のあちらこちらに若いころにはなかった「影」ができること。オバサンかそうでないかは、顔にたるみがあるかどうかで決まります。

申し遅れました、わたくし、たるみ改善コンサルタントのおきゃんママと申します。

本書で紹介する「顔ダンス」は、たるみを劇的に改善する顔面体操。ほうっておけば下がる一方、老けるに任せるだけの顔の劣化を食い止め、自力で引き上げるメソッドです。

実践していただければ、若々しい顔が一生にわたって続くことも夢

現在52歳！

「もはやフェイスリフト手術しかない！」と老け顔の悩みも頂点だった38歳のころ。

ではありません。

わたくし自身、老け顔に苦しみ、どん底まで悩み抜いた本人です。忘れもしません。子育てが一段落した38歳のある日、鏡の中に見知らぬ老婆を発見した日のことを。目の下の袋状のたるみ、深く刻まれた額のシワ、疲れて見えるくっきりしたほうれい線、ブヨブヨにたるんだブルドッグのようなフェイスライン……。

この日からわたくしと老け顔とのあくなき闘いがはじまったのです。

女としての自信を失ったわたくしは、毎日毎日若返りの美容整形のことばかり考えるようになりました。

評判の高価な化粧品や美容器具も試してみましたが、どれも決してわたくしの顔を若返らせることはありませんでした。

そしてついに美容外科に駆け込み、カウンセリングを受け、フェイスリフト手術の見積もりを取り（総額１４０万円！）、あとは入金するだけ、という手術直前になって、はたと気づいたのです。

「こんなにもわたくしの心をかき乱す老け顔だけど、この顔はいままで生きてきた大切な自分。ほかのだれのものでもないわたくしの顔を、赤の他人の手にゆだねてしまっていいのだろうか」と。

なんとしても若返りたい！　たるみをなくしたい！　でも、他人やお金の力を借りて手に入れた若顔に、わたくしは満足できるだろうか？

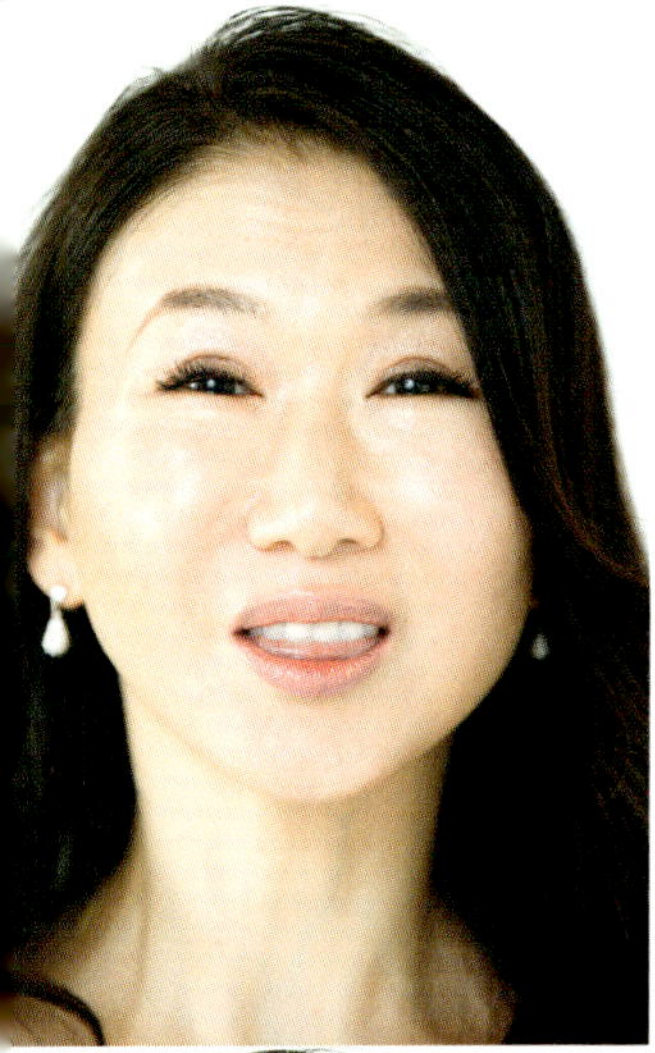

以前のようなイキイキとした自信にあふれた自分を取り戻すためには、自分自身でなんとかするしかないのではないだろうか？

そう思い至り、手術をキャンセルした次第です。

そして、日夜鏡とにらめっこしては、たるみを改善するというさまざまな美容法や健康法、トレーニング、化粧品を試しては検証し、試しては検証しました。

さらに、人体のしくみを知るため、解剖学も基礎から学び、筋肉の構造やマッサージ理論についても知識を深めました。

そんな試行錯誤を続けていたところ、ひとすじの光が見えたのです。

そのカギは表情筋。表情筋トレーニングを実践すると、「あれ？今日は顔の調子がいいみたい」「なんだか少し若返った感じ？」「夕方になっても疲れた顔になりにくい」……と、明らかな変化が現れはじめたのです。久しぶりに会ったお隣の奥様から「あら？　整形した？」と唐突にいわれたことも……（笑）。

顔ダンスは、老け顔でどん底まで悩み抜いたわたくしが、効果を検証しながら作り上げたメソッドです。特徴は、笑顔を作るのに必要な筋肉にアプローチする動きが多いこと。

笑顔になればなるほど、自信がついて前向きになる。

笑顔をたくさん見せれば見せるほど、若返る。

本書を読んでくださったみなさまが、顔ダンスで若々しい顔を手に入れ、輝く毎日を送られることを願ってやみません。

たるみが消える！
顔ダンス
CONTENTS

Prologue …… 2

実証！ 顔ダンスでたるみが消えた！若返った Before & After …… 11

STEP 1
顔ダンスをはじめる前に …… 15

Lesson 1 表情筋を鍛えてフェイスアップ！「若く見える顔」はこうして作る …… 16

Lesson 2 ウォーミングアップで効果倍増！顔をほぐして動きをよくする …… 20

本書の上手な使い方 …… 22

変化を実感！ 顔ダンスでたるみが消える！小顔になる！ …… 24

STEP 2
実践！たるみが消える！顔ダンス …… 25

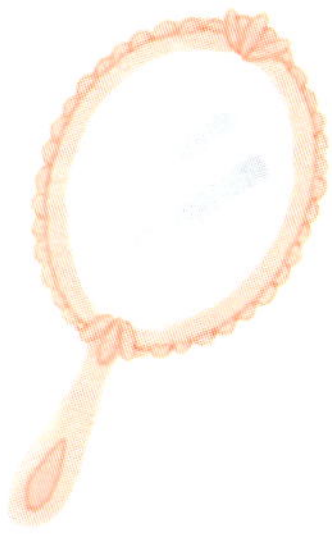

たるみが消える！ 顔ダンス
CONTENTS

フェイスライン あご輪郭についたダルダル脂肪を削り取り、ブルドッグ顔をスッキリ！……26
リフトアップA ほおを高く盛れば不自然な影が消えてメリハリのある若顔に……28
リフトアップB ほお、口角の位置をイメージ力で引き上げる！ 簡単フェイスアップ……30
ほうれい線 口の周りの筋肉を強化して口角の下垂を防ぎ、ハリのある口元になる……32
ハリ 内側からすみずみまでハリを与えてぷっくりハート形の若々しいほおを作る……34
顔のセルライト ほお、あご、フェイスラインの脂肪や老廃物を内側から除去しやすくする……36
まぶたのたるみ シーソーのように動く頭部の筋肉を鍛えてたるみを引き上げ、額のシワを防ぐ……38
目袋 目の下の袋状のたるみを消し去り、ふっくらした目元を作る……40
目尻のシワ 目尻をツンと引き上げ、細かいちりめんジワを定着させない「目アイロン」……42
パッチリ目 眼球を上に向ける筋肉を鍛え、キラキラ輝くパッチリ目になる……44
目の周りのむくみ 眼球を取り囲む筋肉を指圧して疲れとむくみを洗い流す……46
目力アップ 目の周りの緊張を取り除き、イキイキとした目元になる……48
老眼予防 若見え効果バッチリ！ 老眼を遅らせる目の遠近トレーニング……50
眉間のシワ 緊張と無意識のクセで刻まれた深い溝は呼吸に合わせてさすり消す……52
首のたるみ 首の横ジワを薄くして二重あごを防ぎ、デコルテラインも整える……54
鼻すじ 小鼻の広がりを防いで鼻すじをキュッと引き締め整える……56

Plus1マッサージ① 二重あご あごの脂肪をたたき落としてぼやけたフェイスラインをシャープに……58
Plus1マッサージ② フェイスアップ 週1回で絶大な効果！ 顔のたるみを頭皮に戻すマッサージ……60

Column おきゃんママ流・たるみ改善グッズ&レシピ……64

STEP 3
もっと若見え！顔ダンス200％活用術 …… 65

目指すは実年齢よりも10歳若い顔。これが熟女の生きる道 …… 66
2週間で実感、1カ月でハリが出て3カ月で変化が起こる！ …… 68
すべてのプログラムを毎日実践すれば必ず結果がついてくる！ …… 70
音楽にのせてダンス、ダンス、ダンス！顔をバランスよく鍛える …… 72
福を呼ぶ笑いジワと人を遠ざける眉間の怒りジワ …… 74
その日の気分を速攻リセット！顔ダンスのベストタイム …… 76
プロもやっている！色っぽい口元になる滑舌トレーニング …… 78
年齢とともにふくらむ小鼻をキュッと引き締めメリハリ小顔に …… 80
フェイスラインを1日200回パッティング。たるみ知らずの顔になる …… 82
リフトアップ効果バッチリ！たるんだ頭皮を引き締め引き上げる週1マッサージ …… 84
口角を上げれば美人に見える！幸運が舞い込む！ …… 86
こんなときどうする？おきゃんママが答えます！顔ダンスQ＆A …… 88
Column 体もたるまない人になる！ヒップ＆ウエストシェイプエクササイズ …… 90

CONTENTS

STEP 4 一生たるまない生き方 …… 91

顔のたるみに気づいたら● コラーゲン、エラスチン、ヒアルロン酸を全力で取り戻す生活を …… 92

美肌になるジュース● 野菜と果物のパワーがぎっしり！ 小顔になる毎朝の習慣 …… 94

美肌になる食事● 食事は肌の底力を育てるインナースキンケア …… 96

UVケア● 肌の弾力を奪う紫外線は一年中カットする …… 98

睡眠中のたるみには● この秘密兵器で重力の影響を最小限に …… 100

化粧品選びに迷ったら● 結論！ スキンケアはシンプルがベスト …… 102

オイル美容● 良質のホホバオイルでななめ毛穴にストップ！ …… 104

ほうれい線● 笑顔になればなるほど目立たなくなるという事実 …… 106

ナチュラルメイクの愉しみ● 汚肌から美肌になるとメイクも心も軽くなる！ …… 108

生き方● スッキリ若顔に豊かな心で生きていく！ …… 110

Happy Report 顔ダンスで若返った！ 人生が変わった！ …… 112

Epilogue …… 120

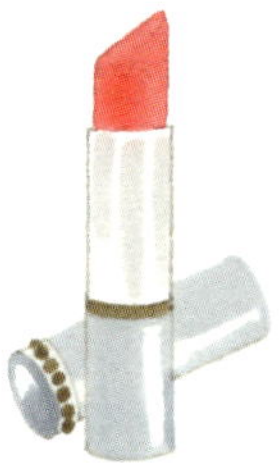

顔ダンスで たるみが消えた! 若返った! 実証!

Before & After

Case 1
42歳
Y・Hさん

Before

目の下のシワ
ほうれい線
フェイスラインのたるみ

Challenge Face Dance

顔ダンス実践!
3カ月後

After

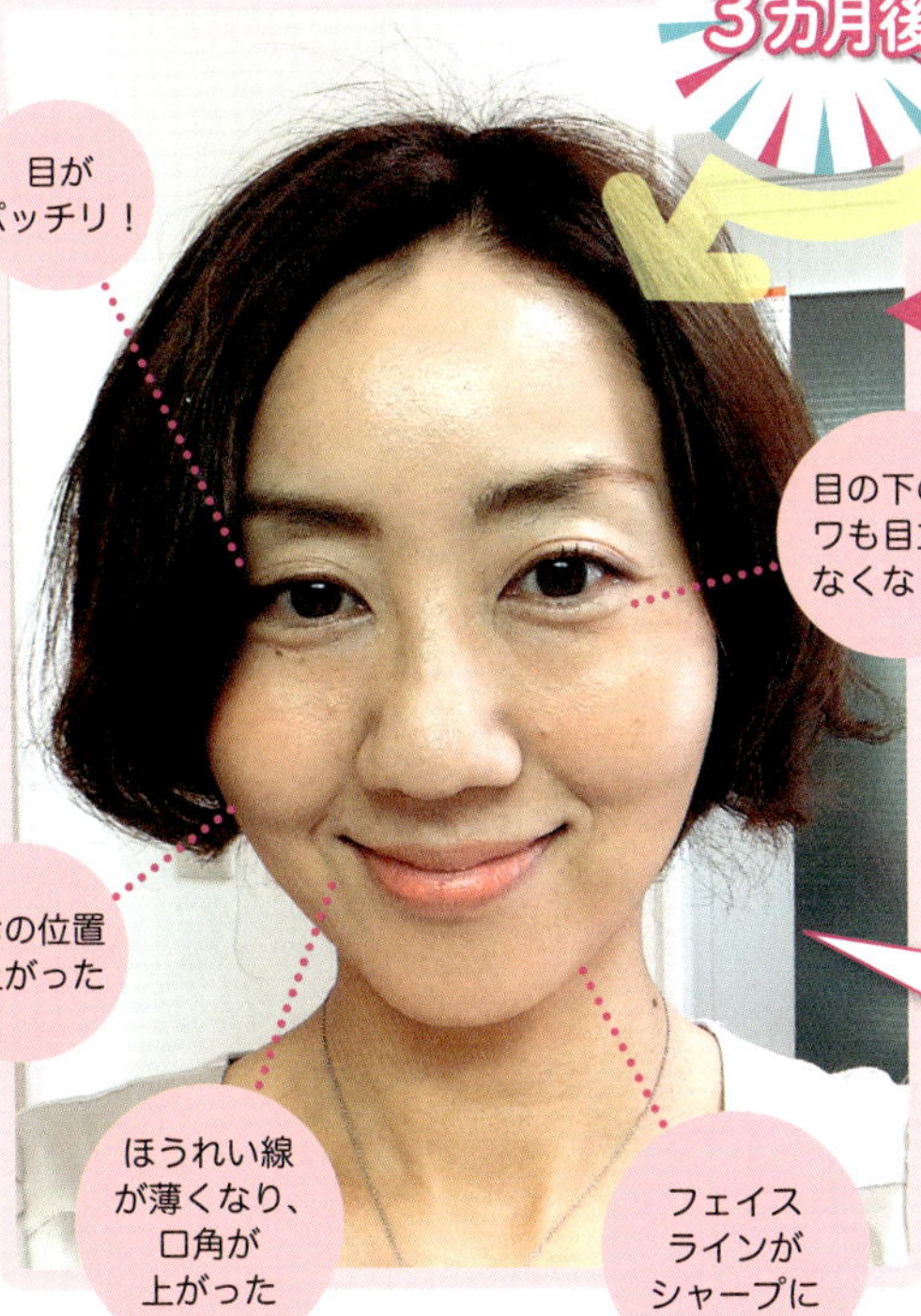
目がパッチリ!
目の下のシワも目立たなくなった
ほおの位置が上がった
ほうれい線が薄くなり、口角が上がった
フェイスラインがシャープに

顔ダンスをはじめてすぐに変化が実感できたのがうれしくて、毎日楽しく続けることができました。とくに意識しなくても目がパッチリ開くようになり、ほおの位置が高くなったのに驚きました。目力がついて自然な表情なのに印象がパッと明るくなり、口角も明らかに上がって全体的に若返りました。

Case 2

35歳 伊藤江里子さん

Challenge Face Dance

Before

6カ月後

After

もともと丸顔で、年齢とともにほおの肉が垂れ下がっていくのが気になりはじめ、顔ダンスをはじめました。体重は変わっていないのですが、フェイスラインがスッキリしてあごがシャープになってきたように感じます。だれもいないエレベーターの中やラッシュ時の電車内、カゼのときはマスクの下でなど、顔ダンスは生活の一部となっています。

Case 3
53歳
明美ハーヴェーさん

Before

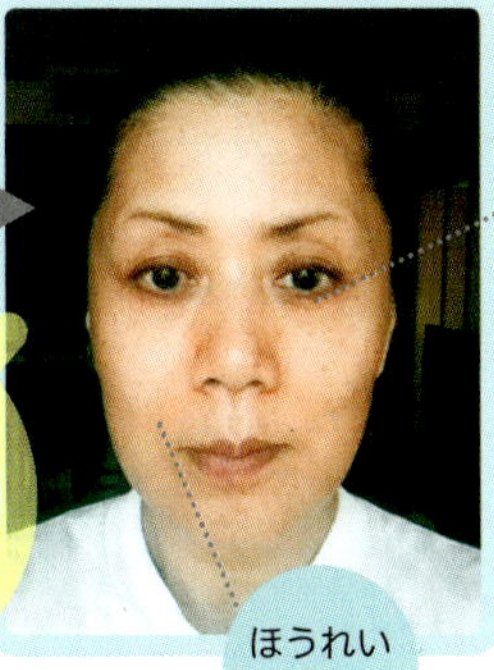

目の下の深いシワ
ほうれい線

1カ月後

After

目の下のシワが薄く少なくなった
ほおの位置が上がった
ほうれい線が薄くなった
フェイスラインがスッキリ

目の下の深いシワとほうれい線が悩みでしたが、たった1カ月で変化が現れたのを実感しました。もともとほお骨の位置が高いので、ほおが下がるとほうれい線が深くなってしまうのですが、顔ダンスのおかげで目立たなくなり、年齢よりも若く見られるようになりました。

Case 4
48歳
Y・Kさん

Before

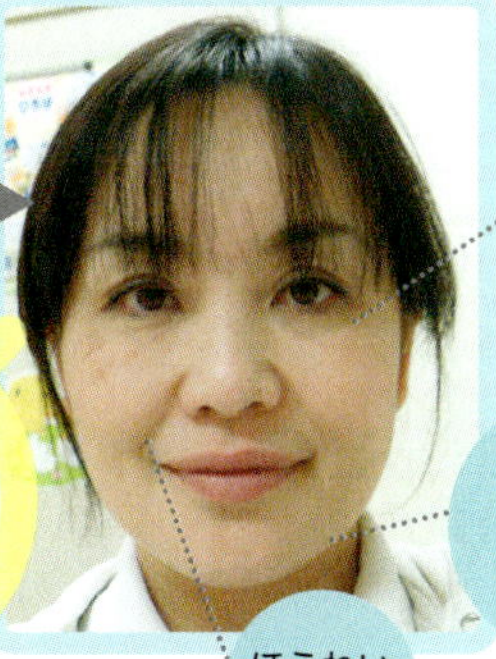

目の下のゆるみ
フェイスラインのたるみ
ほうれい線

1年後

After

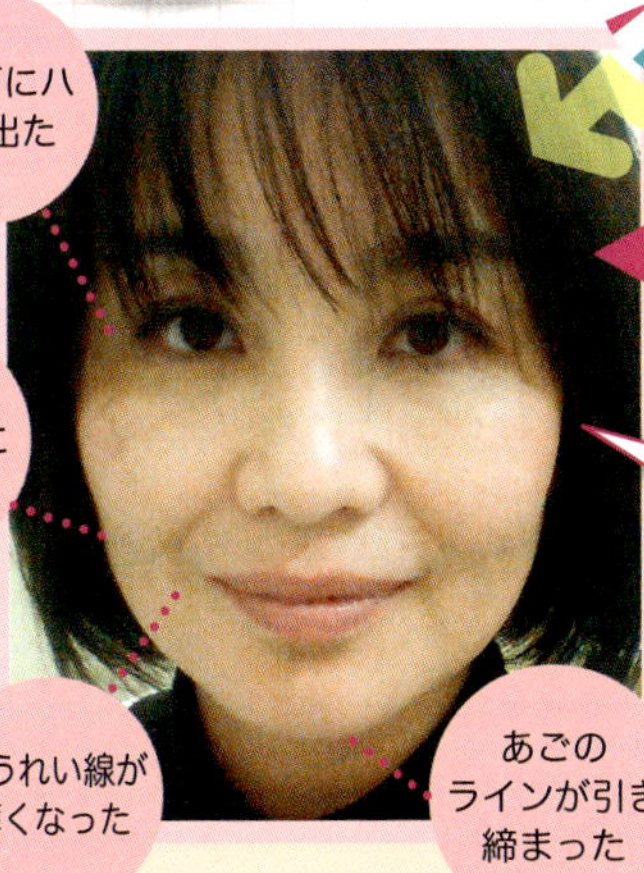

目の下にハリが出た
ほおがシャープになった
ほうれい線が薄くなった
あごのラインが引き締まった

ほおのたるみとほうれい線、目の下のゆるみが気になっていました。とくに悩んでいたのがブルドッグのようにたるんでいたフェイスラインです。約1年続けたところ、目の下にハリが出てほうれい線が目立たなくなり、フェイスラインもスッキリ。毛穴も目立たなくなりました。

Case 5
48歳
立花理恵さん（仮名）

Before

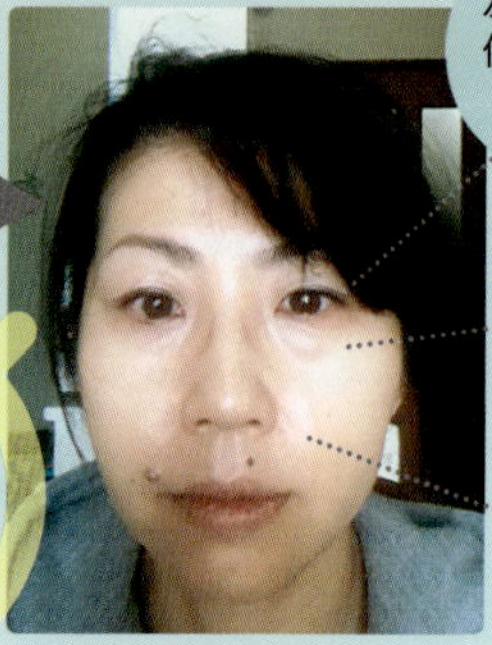
左右の目の位置がアンバランス
目の下のたるみ
ほうれい線

6カ月後

After

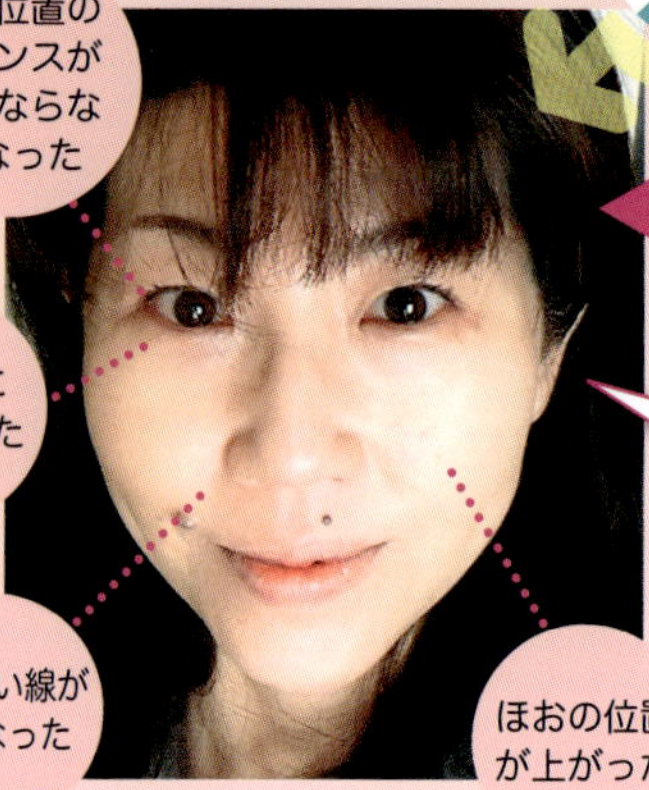
目の位置のバランスが気にならなくなった
目の下にハリが出た
ほうれい線が薄くなった
ほおの位置が上がった

目の位置がアンバランスでたるんだまぶたや目の下がとくに気になっていました。顔ダンスを続けたところ、目の下にふっくらとハリが出て目の位置がそろい、顔全体のバランスが整ってきたことを実感しています。ほおもキュッと上がり、フェイスラインがスッキリと引き締まりました。

Case 6
41歳
荷見慶子さん

Before

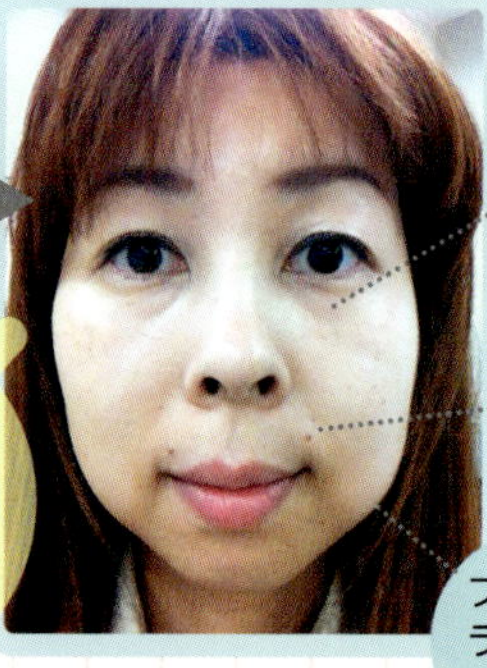
目の下のたるみ
ほうれい線
フェイスラインのたるみ

1年後

After

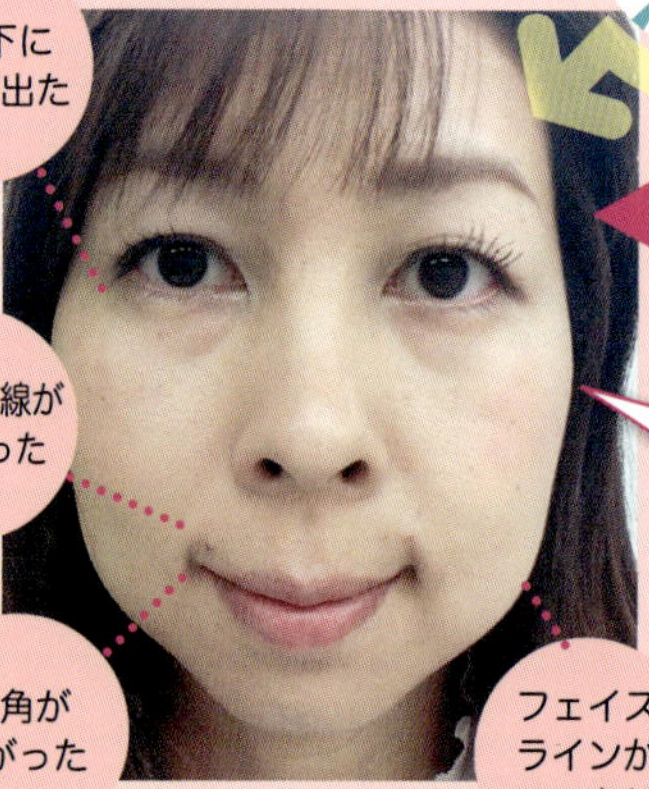
目の下にハリが出た
ほうれい線が薄くなった
口角が上がった
フェイスラインがスッキリ

顔ダンスを実践して毎日携帯のアプリで写真を撮り続けているため、顔の変化がわかりやすく、モチベーションアップに役立ちました。以前はほおがたるんでブルドッグのようだったフェイスラインがスッキリ引き締まり、口角も上がって小顔になってきました。毛穴も目立たなくなりました。

STEP 1

顔ダンスをはじめる前に

顔ダンスを効果的に行うために、意識してアプローチしたい表情筋やウォーミングアップについて知っておきましょう。

Lesson 1

表情筋を鍛えてフェイスアップ！「若く見える顔」はこうして作る

若見えのコツは ほお・口角・目尻

顔のパーツの中でも、ほおがどれだけ高いところに位置しているかが若顔の決め手です。さらに、口角と目尻が上がっているかをチェック。①「ほおを上げる」、②「口角を上げる」、③「目尻を上げる」。この3つのアプローチを「若見え3点セット」としています。

①ほおを上げる

大頬骨筋、小頬骨筋に同時に力を込めて上に引き上げ、ほおが目のすぐ下にあるような感覚になるよう、顔の重心を上へ上へと上げていきましょう。ほおが高くなればなるほど、顔が若々しく見えます。小鼻より上にほおを持ってくるようなイメージです。

②口角を上げる

口角が下がった人に美人はいません。口輪筋をしっかりと鍛え、真顔でも口角が上がった顔を作りましょう。

③目尻を上げる

ふだん動かすことの少ない眼輪筋はとてもゆるみやすい筋肉の一つ。目尻が下がると疲れて老けた印象を与えます。眼輪筋を鍛えると、やせたこめかみを筋肉がふっくらとカバーし、目尻にハリが出て若々しい印象の顔へと変わります。

鏡で顔をよく観察してみてください。あなたの顔には若見え3点セットがありますか？

顔ダンスで鍛えられるおもな表情筋

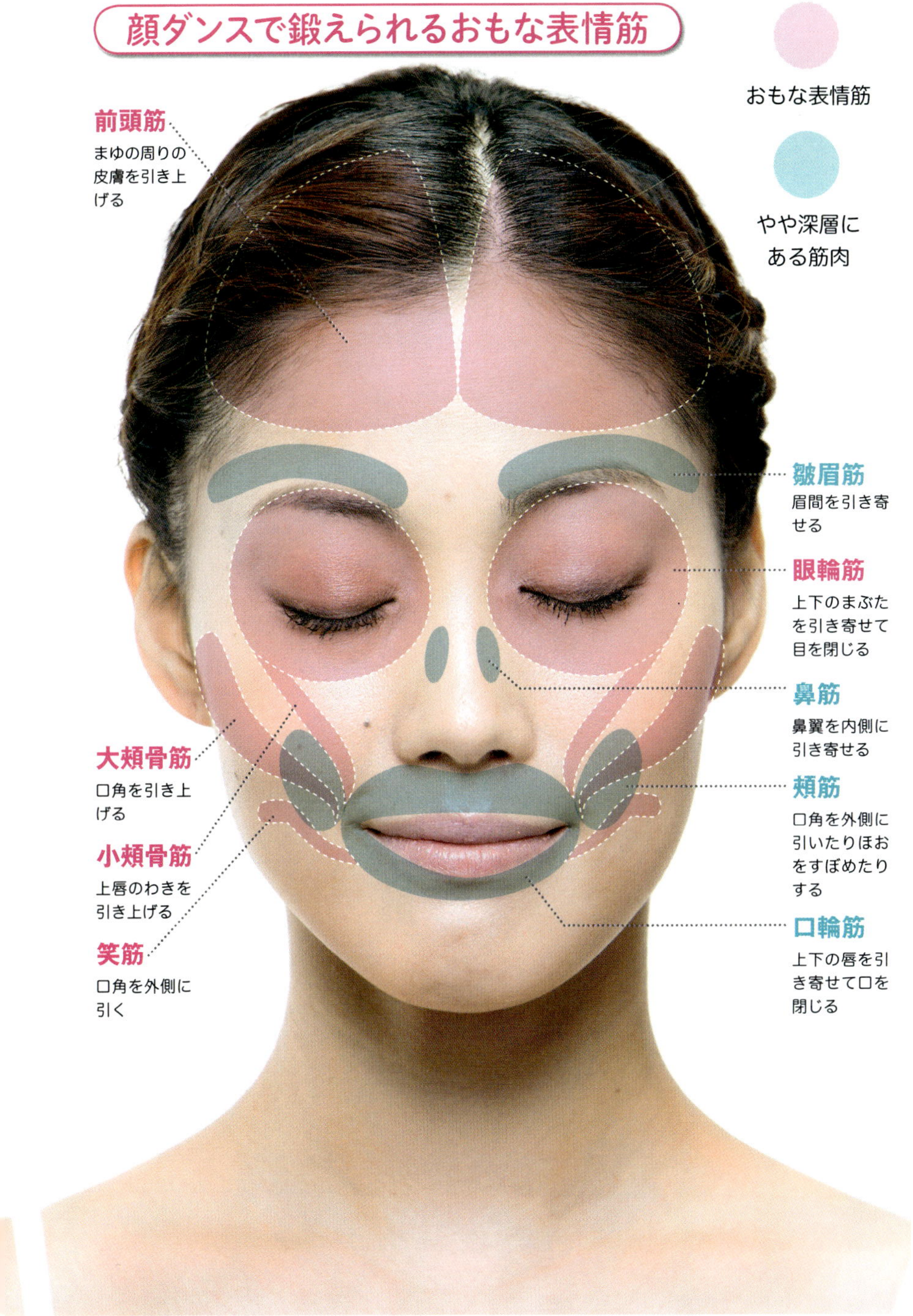

若見えの3つの条件

3
目尻を上げる
1
ほおを上げる
2
口角を上げる

〝ポニーテールライン〟でシワを打ち消す！

顔ダンスで若見え3点セットが顔に現れると、多少のシワが生じていても、老けた印象を持たれることがなくなります。説明しましょう。

ほうれい線や目の下のたるみ、目尻のシワ、口の両わきのシワなどは、すべて下に向かうラインです。これに対し、表情筋を鍛えてほおを小鼻より上に引き上げ、顔の下半分を引き締めていくと、横顔に斜め上方向の〝ポニーテールライン〟が自然と現れるようになります。

ポニーテールラインとは、

上向きの若顔を作る〝ポニーテールライン〟

ポニーテールにしたときに、顔がもっとも若く見える位置を作る目安のライン。上方向に向かう見えないラインは、下方向の老けのラインを目立たなくして若々しい印象をもたらしてくれます。

さらに、フェイスラインが丸く曲線を描いていては、引き上がった顔には見えません。あごと耳の下を結んだフェイスラインも、まっすぐな直線になるようトレーニングしましょう。

顔ダンスで「若見え3点セット」＋「ポニーテールライン」を作ることで、横顔を含めた全方向性の若顔が完成します。

Lesson 2

ウォーミングアップで効果倍増！顔をほぐして動きをよくする

1

両手の親指と人差し指で耳たぶをつかみ、引っ張る。

耳たぶ引っ張り

2

耳たぶを引っ張りながら、そのまま舌を出す。これを3回くり返す。

リンパの流れをよくして活性化【耳たぶ引っ張り】

顔の血流をよくしてリンパの流れを促すウォーミングアップです。顔色がよくなり、むくみ改善効果も。耳たぶには大切なツボが集中していますから、刺激することで全身がスッキリとリフレッシュし、疲労回復効果が得られます。舌を軽く出すことで口の内側から顔を刺激し、ハリを与えます。

笑顔筋トレ 実際に発声しないで、口パクでもOK。必ず最高の笑顔で行いましょう。あ行からた行までやってください。

顔中の筋肉を目覚めさせる【笑顔筋トレ】

まず、「あ」「い」「う」「え」「お」の母音の口の形を確認しましょう。必ず笑顔で、顔をダイナミックに「あ」「え」「い」「う」「え」「お」「あ」「お」と動かしていきます。それぞれの音に1秒ずつかけるイメージで、リズミカルにテンポよく行いましょう。あとはそれらに「か行」「さ行」「た行」の子音をのせて行い、「あ」行から「た」行まで10回くり返します。実際に発声しなくても、一つひとつていねいに行うことで口角を上げる感覚が自然と身につくトレーニングです。

アプローチ
する筋肉など

動かし方の
ポイント

働きかけるパーツや
悩み・目的

唇全体を移動させるように一気に口角を
片側へ寄せ、反対側のラインをストレッチ！

>> ココにアプローチ！ <<

笑筋　小頬骨筋　大頬骨筋

Face Dance
フェイス
ライン

あごと輪郭についた ダルダル脂肪を削り取り、ブルドッグ顔をスッキリ！

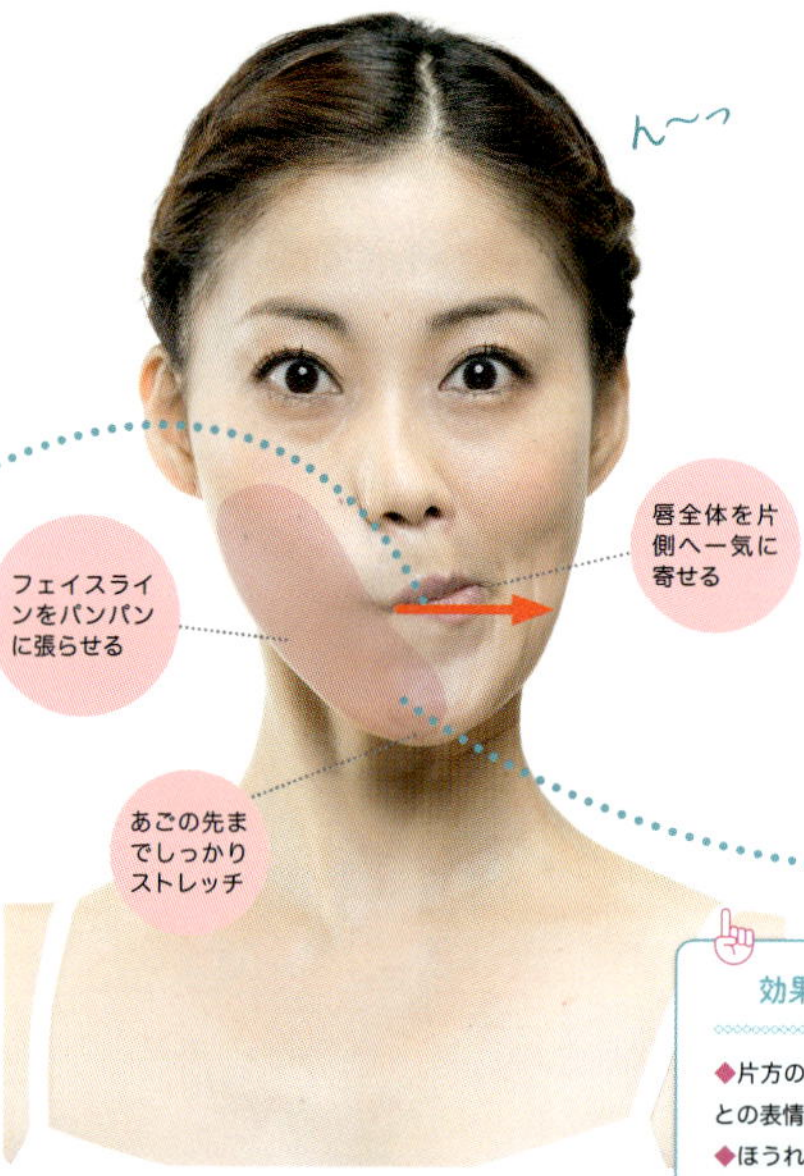

ん〜っ
唇全体を片側へ一気に寄せる
フェイスラインをパンパンに張らせる
あごの先までしっかりストレッチ

あごから口の両はしにかけての筋肉を鍛えて、たるみのない美しいフェイスラインが実現！　二重あごもスッキリ引き締まり、顔の下部にたまった脂肪を落としてブルドッグ風のたるみを改善します。

効果的に行うコツ

◆片方の口角だけを動かし、あとの表情は変えずにそのまま。
◆ほうれい線がピンと伸びるように人差し指で押さえる。
◆寄せた唇と反対側のフェイスラインをピンと張らせてキープ！

26

顔ダンスに
よって得られる
効用

とくに意識し
たいパーツは
ゾーンで示し
ています

心がけたい
ポイント

表情筋を動かす方向を示す矢印

顔の内側から動かす方向を示す矢印

マッサージの方向を示す矢印

顔ダンスの特
徴的な動きを
紹介

本書の上手な使い方

本書では、目的別に顔ダンスのプログラムを紹介しています。すべての顔ダンスは相互作用するよう構成されていますから、まんべんなく行うのがもっとも効果的です。また、朝晩の洗顔時（P.58）、週１回だけ（P.60）で絶大な効果の「Ｐｌｕｓ１マッサージ」も紹介しています。ライフスタイルに合わせて楽しく取り組んでみてください。

顔ダンスのプロセスをくわしく紹介

1

唇全体を移動させるように、一気に口角を片側へ寄せる。

口角を片側へ寄せる

強く押さえず軽く添える

2

次に、唇を移動させたほうのほうれい線に人差し指を軽く当てる。ほうれい線のシワの溝をそっと伸ばすイメージで。

3

あごからフェイスラインにかけて美しい一枚の皮膚になるよう、しっかり伸ばし、５秒キープする。左右交互に５回くり返す。

左右交互に５回くり返す

あごからフェイスラインをしっかりストレッチ

27　STEP2 実践！ たるみが消える！ 顔ダンス

注意点　本書はケガや病気がなく、健康状態に問題のない方を対象にした顔面体操です。体調の悪いときや顔や体になんらかの異常があるとき、頸椎を傷めている方は行わないでください。

変化を実感！

顔ダンスでたるみが消える！小顔になる！

顔ダンスの直前と全クールを実践した直後を比較。シワが薄くなり、輪郭が引き締まって肌質が改善され、若々しい印象に変わるのが実感できます。

Before
目尻が引き上がった
ほおが上がった
あごのラインがスッキリ
フェイスラインが引き締まった
顔ダンス実践！
10分後
After

Challenge Face Dance

STEP

2

実践！ たるみが消える！ 顔ダンス

顔ダンスの全プログラムは目的別に15種類。すべてをトータルで行っても10分以内で終了します。なお、順序は自由に変えてもかまいません。

Face Dance
フェイスライン

唇全体を移動させるように一気に口角を片側へ寄せ、反対側のラインをストレッチ！

>> ココにアプローチ！ <<

笑筋　小頬骨筋　大頬骨筋

あごと輪郭についたダルダル脂肪を削り取り、ブルドッグ顔をスッキリ！

ん〜っ
唇全体を片側へ一気に寄せる
フェイスラインをパンパンに張らせる
あごの先までしっかりストレッチ

あごから口の両はしにかけての筋肉を鍛えて、たるみのない美しいフェイスラインが実現！　二重あごもスッキリ引き締まり、顔の下部にたまった脂肪を落としてブルドッグ風のたるみを改善します。

効果的に行うコツ

◆片方の口角だけを動かし、あとの表情は変えずにそのまま。
◆ほうれい線がピンと伸びるように人差し指で押さえる。
◆寄せた唇と反対側のフェイスラインをピンと張らせてキープ！

1

唇全体を移動させるように、一気に口角を片側へ寄せる。

口角を
片側へ寄せる

強く
押さえず
軽く添える

2

次に、唇を移動させたほうのほうれい線に人差し指を軽く当てる。ほうれい線のシワの溝をそっと伸ばすイメージで。

3

あごからフェイスラインにかけて美しい一枚の皮膚になるよう、しっかり伸ばし、5秒キープする。左右交互に5回くり返す。

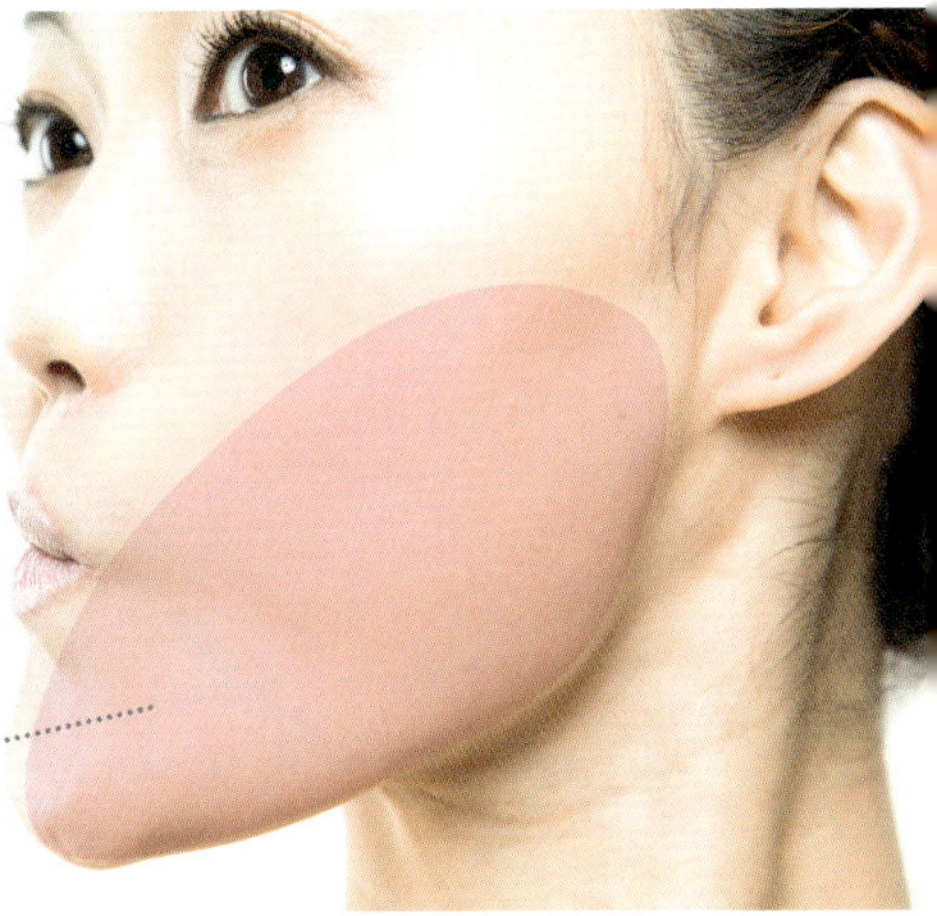
左右交互に
5回
くり返す
あごから
フェイスラインを
しっかりストレッチ

Face Dance

リフトアップ A

歯ぐきをむき出すようにしながら左右のほおを持ち上げ鍛える！

>> ココにアプローチ！ <<

小頬骨筋　大頬骨筋　頬筋

ほおを高く盛れば不自然な影が消えてメリハリのある若顔に

ウォ〜ッ
鼻すじにシワが寄らないように
ほおを目のすぐ下まで持ち上げるように
歯ぐきをむき出すように
顔の筋肉が疲れるまでキープ！

若さを印象づける決め手はほおの位置。ほおの位置が高くなると、目の下のくぼみで生じた影が目立たなくなり、ほうれい線も改善していきます。ほおは常に小鼻のラインよりも上に持ち上げるように意識しましょう。

効果的に行うコツ

◆これまでの表情筋の使い方のクセでどうしてもできない人も見られます。何度かトライしてもこの顔ダンスができない人は、代わりに次のBの顔ダンス（P.30）を行いましょう。

◆顔の筋肉に軽く疲労感を感じるのが効いているサイン！

1

ほおの位置を確認する。

この部分を
高く盛る

顔の筋肉に
軽い疲れを
感じれば、
効いている
サイン
顔が疲れる
まで５秒
キープ！

2

歯ぐきをむき出すようにほおを引き上げ、５秒キープする。

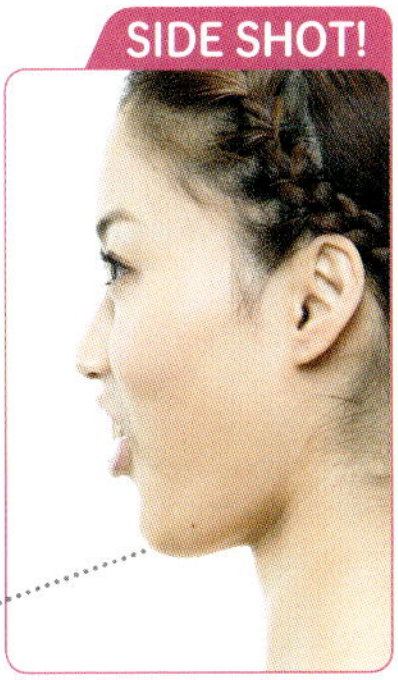
SIDE SHOT!
あごに力を
入れないように

3

１に戻り、今度はほうれい線を伸ばすように口をたてに大きく開け、ほおを伸ばすように、５秒キープする。

２～３を５回くり返す。

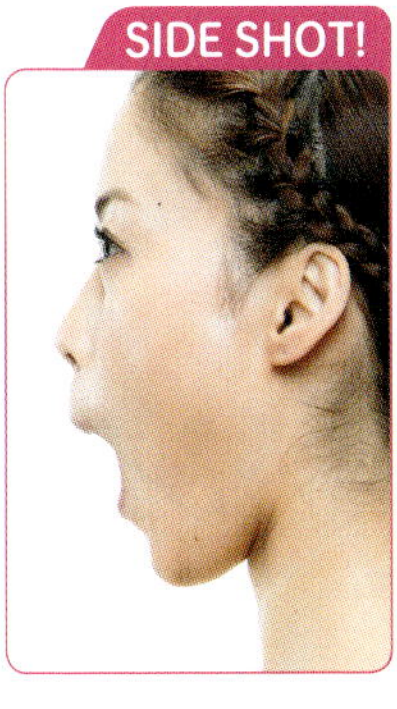
SIDE SHOT!

ほうれい線を
ストレッチ
５回
くり返す

Face Dance
リフトアップB

目のすぐ下にほおを引き上げ、「な～の～い～う～え～お～♪」

>> ココにアプローチ！ <<

小頬骨筋　大頬骨筋　頬筋

ほお、口角の位置をイメージ力で引き上げる！簡単フェイスアップ

にっこり
ほうれい線を横に伸ばしすぎないように
ほおを思い切り引き上げる
口角は常に上げておく

ほおの上部、口角を引き上げるよう、表情筋をダイナミックに動かしながら笑顔で発声するのがポイント。たったこれだけでほおが高くなり、口角が引き上がって若見え効果がアップします

効果的に行うコツ

◆リフトアップA（P.28）ができない人の顔ダンス。AかBどちらかを行いましょう。
◆両ほおにのったたこ焼きを引き上げるようなイメージで。
◆すべてを笑顔で行うよう意識して。

ほおと
口角を
上げながら

1

顔中をダイナミックに動かして、笑顔を作る。

2

ほお、口角を上げながら「な～」と発声する。

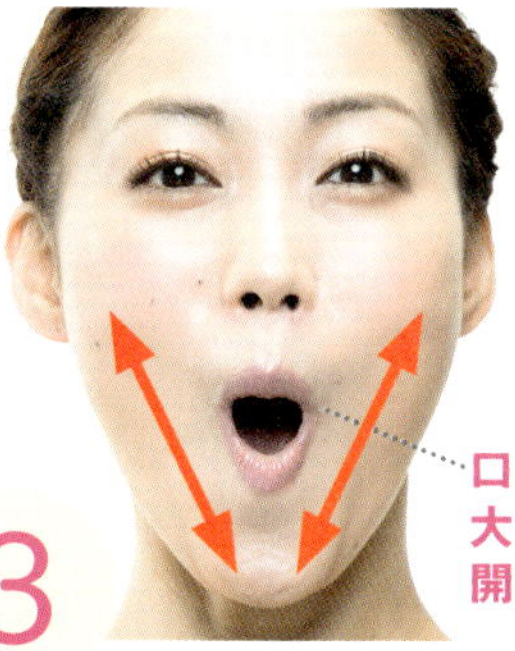
口をたてに
大きく
開けながら

3

笑顔のまま「の～」と発声する。

4

同様に「い～」と発声する。

5

同様に　「う～」と発声する。

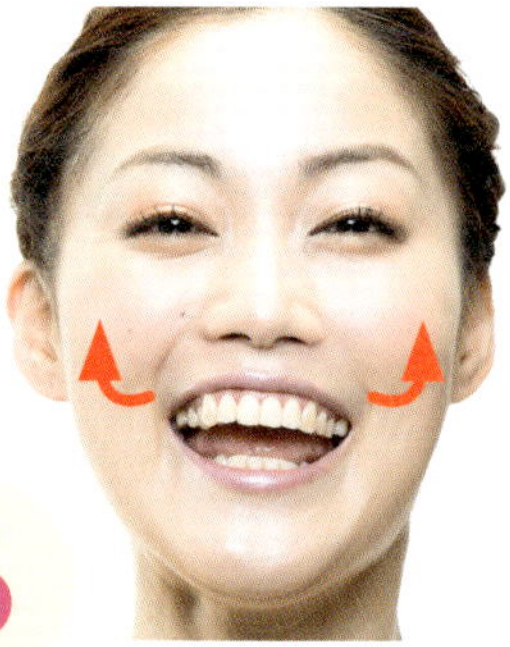

6

同様に「え～」と発声する。

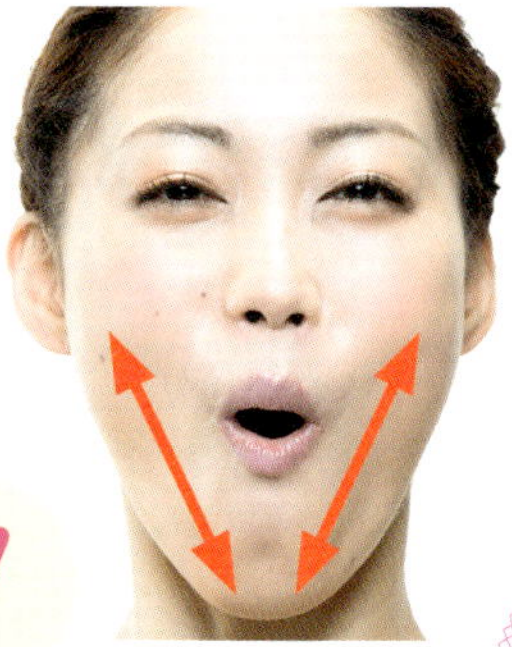

7

同様に「お～」と発声する。
1～7を10回くり返す。

10回
くり返す

上唇と下唇を「押し合い」「突き出し」「巻き込む」
動きで口元の筋肉をバランスよく鍛える

>> ココにアプローチ！ <<

口輪筋　小頬骨筋　大頬骨筋

Face Dance

ほうれい線

口の周りの筋肉を強化して口角の下垂を防ぎ、ハリのある口元になる

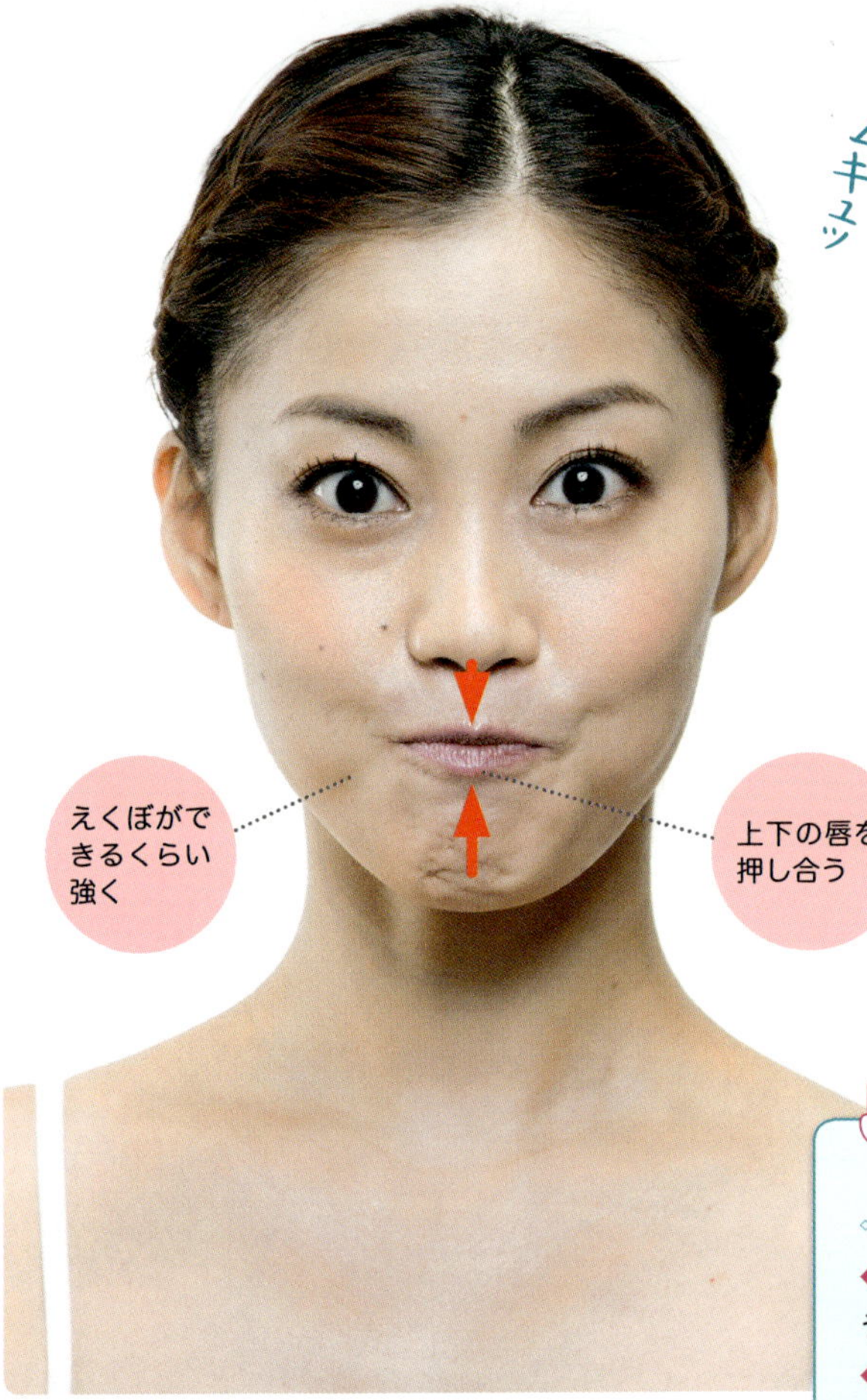

ムギュッ
えくぼができるくらい強く
上下の唇を押し合う

日本語は母音の数が少ないので、ふだん話すときにはあまり使わない口輪筋を鍛える顔ダンス。ほうれい線の溝を薄くし、唇の上に生じる不自然なシワも防げます。

効果的に行うコツ

◆上下の唇を力いっぱい押し合う。
◆口角を思い切り上げ、ほうれい線をしっかり引き伸ばす。
◆強弱をつけることで口周りが心地よくリラックスするのを感じながら。

1

上下の唇を押し合うようにして口を閉じて10秒キープする。

上唇と下唇を
押し合う

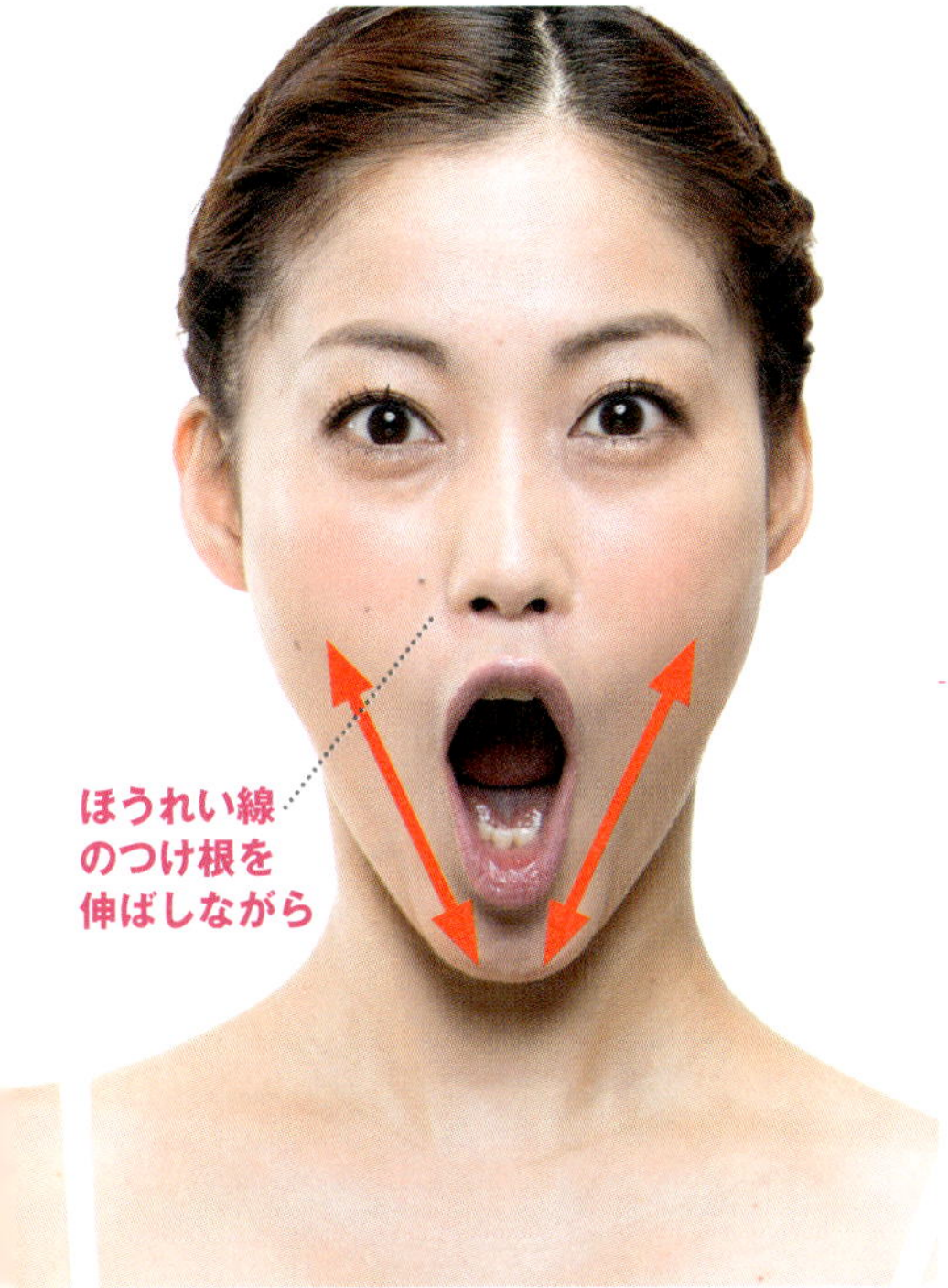
ほうれい線
のつけ根を
伸ばしながら

2

唇をたてに大きく開けながら突き出すように前に出し、5秒キープする。

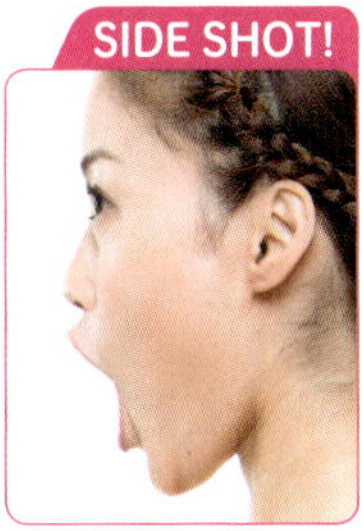
SIDE SHOT!

3

上下の唇を口の内側に思い切り巻き込み、5秒キープする。1～3を2回くり返す。

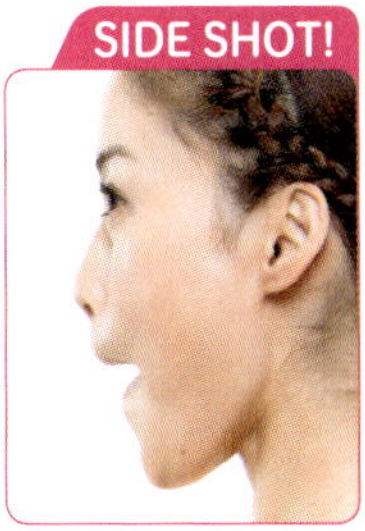
SIDE SHOT!

歯が見えなく
なるまで
巻き込む
2回
くり返す

Face Dance

ハリ

ほおをふくらませ、空気を口の中で上下左右にグルグル移動させる

>> ココにアプローチ！ <<

口輪筋　笑筋　小頬骨筋　大頬骨筋

内側からすみずみまでハリを与えてぷっくりハート形の若々しいほおを作る

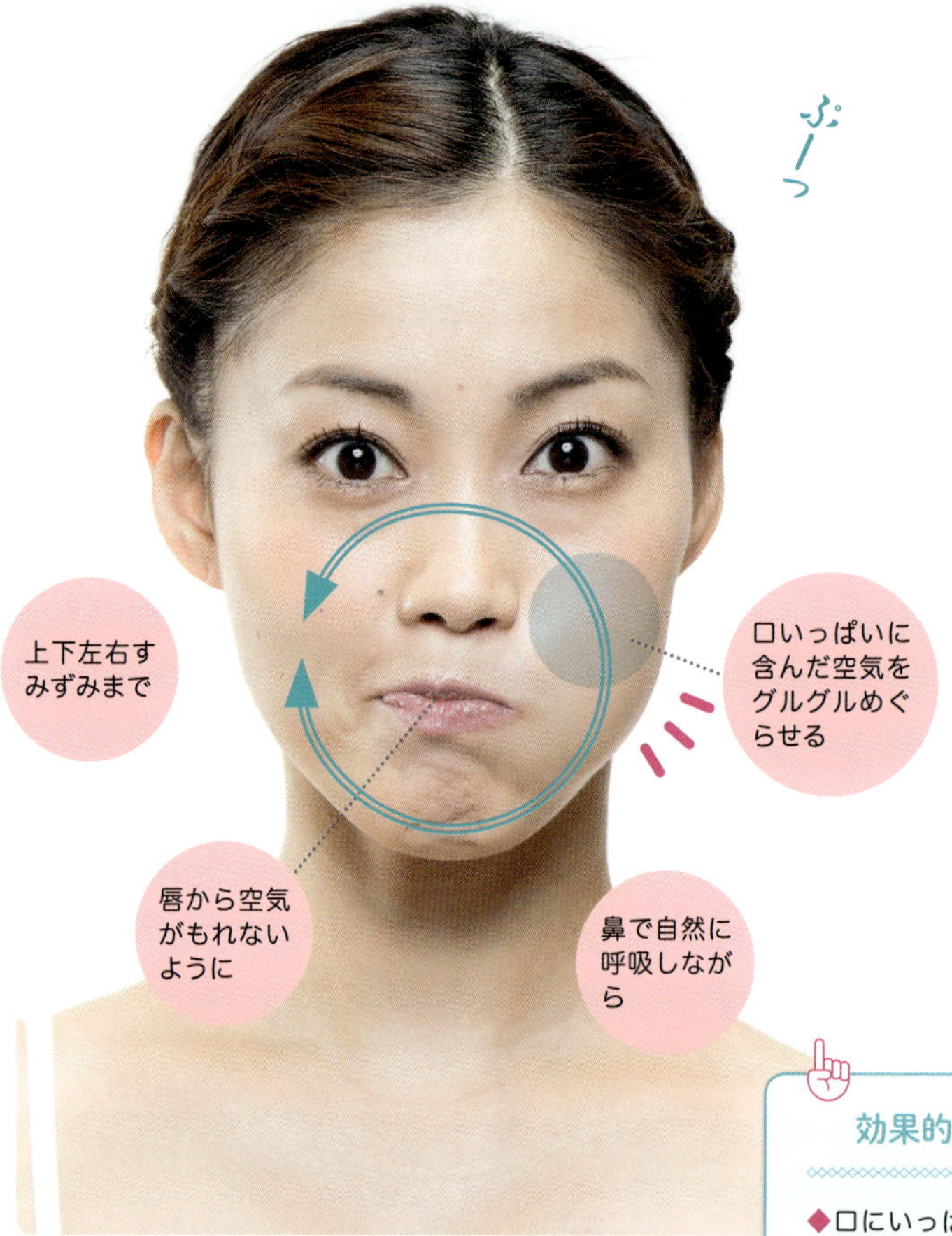

ぷーっ
上下左右すみずみまで
口いっぱいに含んだ空気をグルグルめぐらせる
唇から空気がもれないように
鼻で自然に呼吸しながら

効果的に行うコツ

◆口にいっぱいに空気を含み、唇から空気がもれないように。
◆口の中の空気を上下左右にまんべんなくめぐらせるように。
◆鼻で自然に呼吸しながら行う。

ほおをふくらませて口の中の空気を移動させるだけの簡単な顔ダンスですが、顔の下半分の筋肉を効率よく鍛えられます。口輪筋がゆるんでいる人は、口からすぐに空気がもれてしまいます。

1

ほおを空気でいっぱいにふくらませる。

鼻で自然に
呼吸しながら
唇から
空気がもれ
ないように
左回り
×５回

2

口から空気がもれないように口の中の空気を右から上、下へと左回りに移動させる。これを５回くり返す。

3

同様に、左から左上、右上、右下へと右回りに移動させ、これを５回くり返す。

右回り
×５回

Face Dance

顔のセルライト

ほお、あご、フェイスラインの脂肪や老廃物を内側から除去しやすくする

口の裏側からほおの肉を吸い、奥歯で軽くかんで刺激する

>> ココにアプローチ！ <<

口輪筋　大頬骨筋

キュッ
鼻で自然に呼吸しながら
強くかまないように
ほおの脂肪を思い切り吸い込む

顔についたセルライト（脂肪に老廃物や余分な水分がたまったもの）を除去してシャープなフェイスラインが生まれます。口の裏側から余分なほおの肉を吸って奥歯で軽くかんで刺激することで、ダブダブの脂肪として定着するのを防ぎます。

効果的に行うコツ

◆ほおの肉を思い切り吸う。
◆吸った肉は強くかまないように。
◆鼻で自然に呼吸しながら行う。
◆ほおのコケが気になる人は、週１回でＯＫ。

1

口をすぼめながら、ほおの肉を内側から思い切り吸う。

余分な脂肪を
吸える
だけ吸う

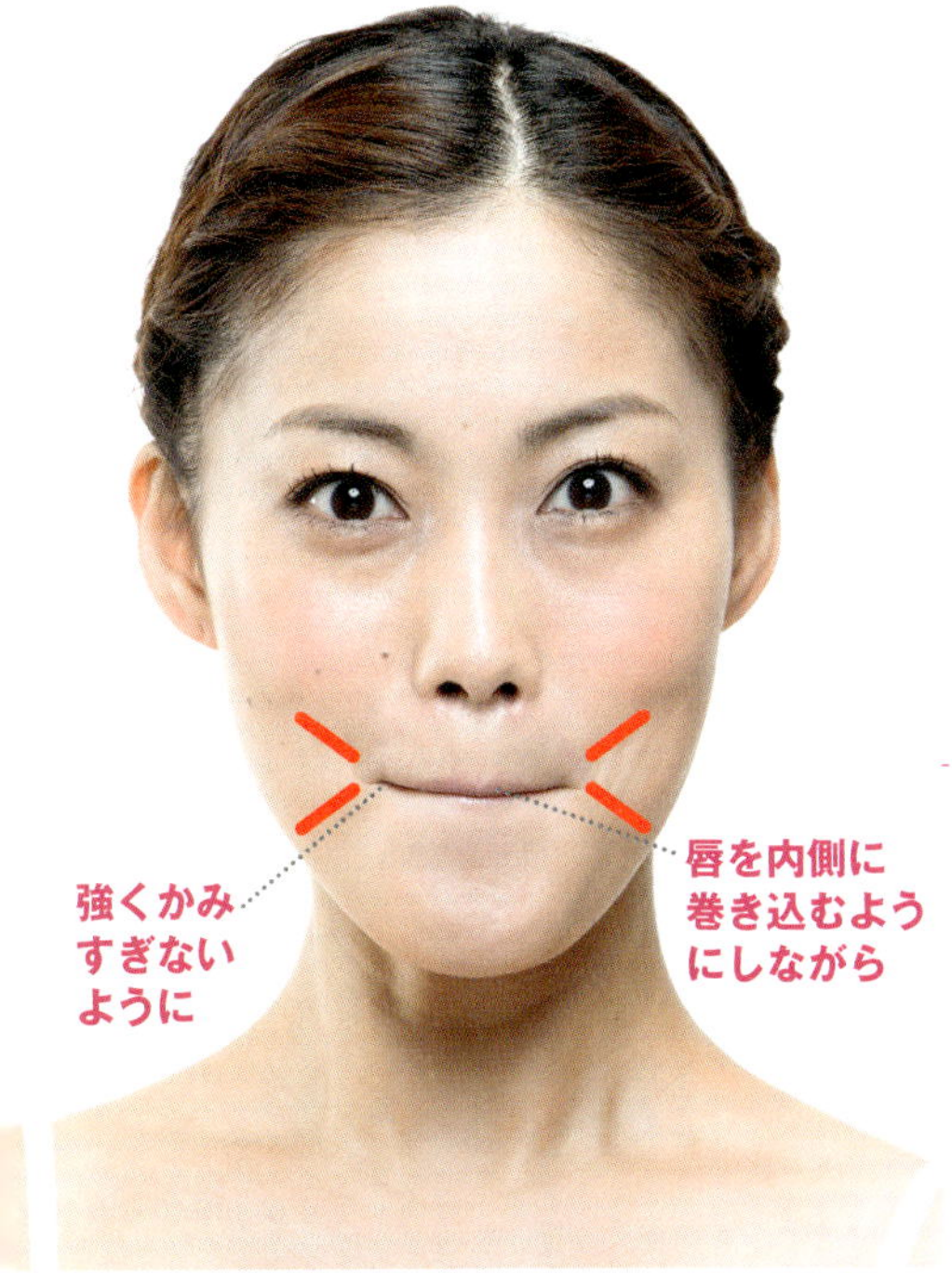
強くかみ
すぎない
ように
唇を内側に
巻き込むよう
にしながら

2

吸ったまま、唇を内側に巻き込みながら一文字にする。このとき、奥歯でほおの肉を軽くかむ。

3

次に、口角を上げてほほえむ。1～3を3回くり返す。

3回
くり返す

Face Dance

まぶたのたるみ

シーソーのように動く頭部の筋肉を鍛えてたるみを引き上げ、額のシワを防ぐ

額を固定してまゆ毛を上げ下げする

>> ココにアプローチ！ <<

前頭筋　後頭筋

ピンッ
指を額にしっかり固定させて
まゆ毛を上げたときシワが寄らないように

まゆの周りの皮膚を引っ張っている前頭筋と、シーソーのように働く後頭部にある後頭筋を鍛えて頭部を引き締め、まぶたのたるみを効果的に改善します。頭部の筋力バランスがくずれて生じる額の横ジワも防ぎます。

効果的に行うコツ

◆指を額にしっかり当てて固定して行う。
◆まゆ毛を上げたときにシワが寄らないように。
◆額がポカポカしているのを感じたら、効いているサイン。

1

人差し指と中指をそろえてまゆ毛の上に当てる。

指の重さを感じながら

2

ゆっくりまゆ毛を１０回上げ下げする。

額にシワが寄らないように

3

１０回目でまゆ毛を上げたところで１０秒キープする。

Face Dance

目袋（目の下の袋状のたるみ）

軽く舌をかみ、目の下の筋肉だけで下まぶたをピクピクと小刻みに動かす

>> ココにアプローチ！ <<

眼輪筋

目の下の袋状のたるみを消し去り、ふっくらした目元を作る

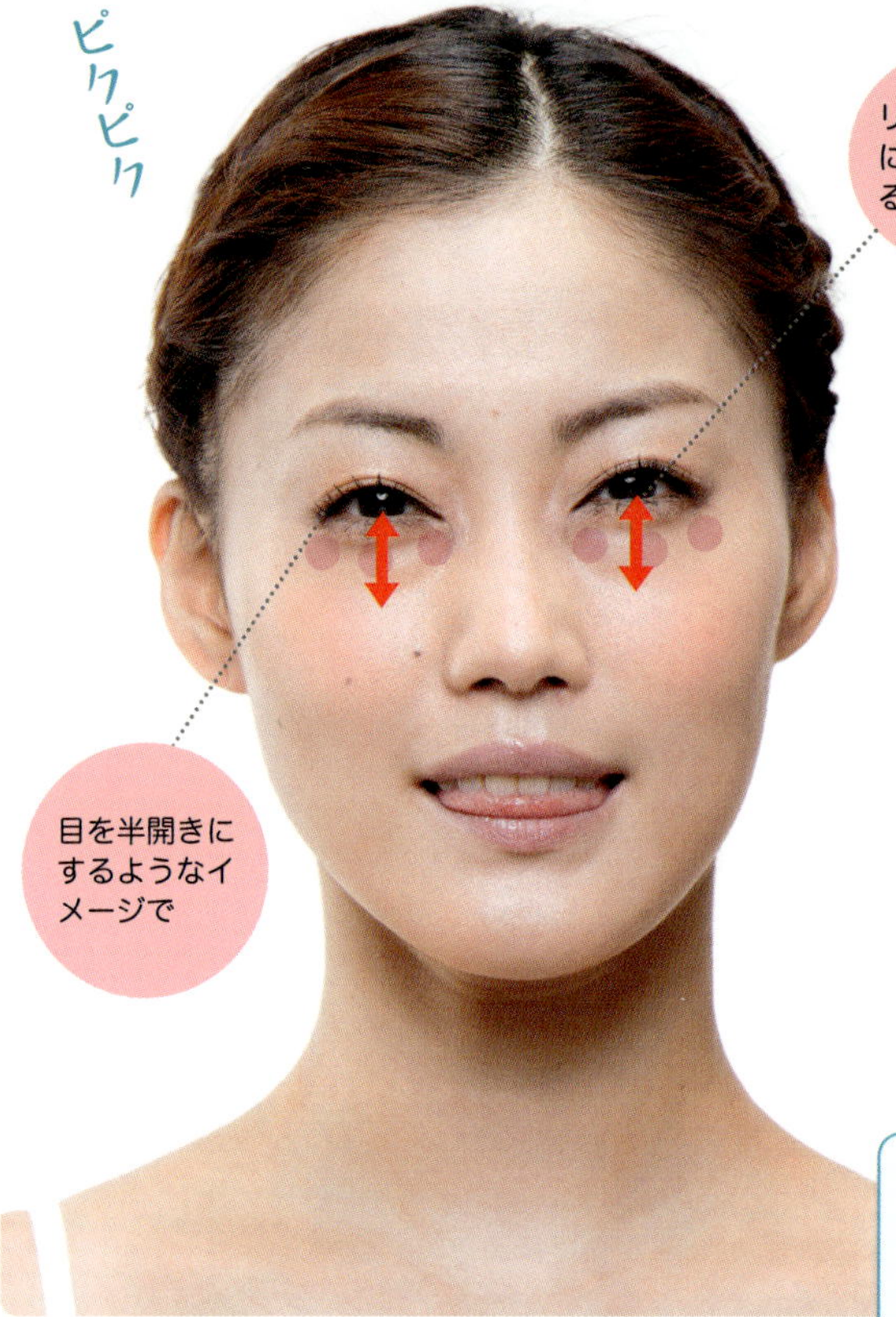

ピクピク
リズミカルに上下させる
目を半開きにするようなイメージで

ほうっておくとどんどん進行してしまう目の下のたるみ。眼球を維持する組織がゆるんで前方に押し出され、袋状にたるむと不自然な影が生じて老け顔の原因となってしまいます。この顔ダンスで目の周りの筋肉を鍛え、まゆ毛を引き上げることで目尻がピンと引き上がり、若々しい印象に変わっていきます。

効果的に行うコツ

◆最初はできなくてもＯＫ。下まぶたに意識を集中させて。
◆下まぶたの筋肉だけを使って下まぶたを動かすため、舌をかんで顔の下部を固定させておく。
◆顔がポカポカしているのを感じたら効いているサイン。

1

舌を軽くかむ。

リズミカルに
上下させる
目は
半開きに
する
イメージで
下まぶたを
10回上げ
下げする

2

下まぶたをピクピクと小刻みに上下に１０回動かす。

3

舌をかんだまま、左右交互に１０回ウインクする。

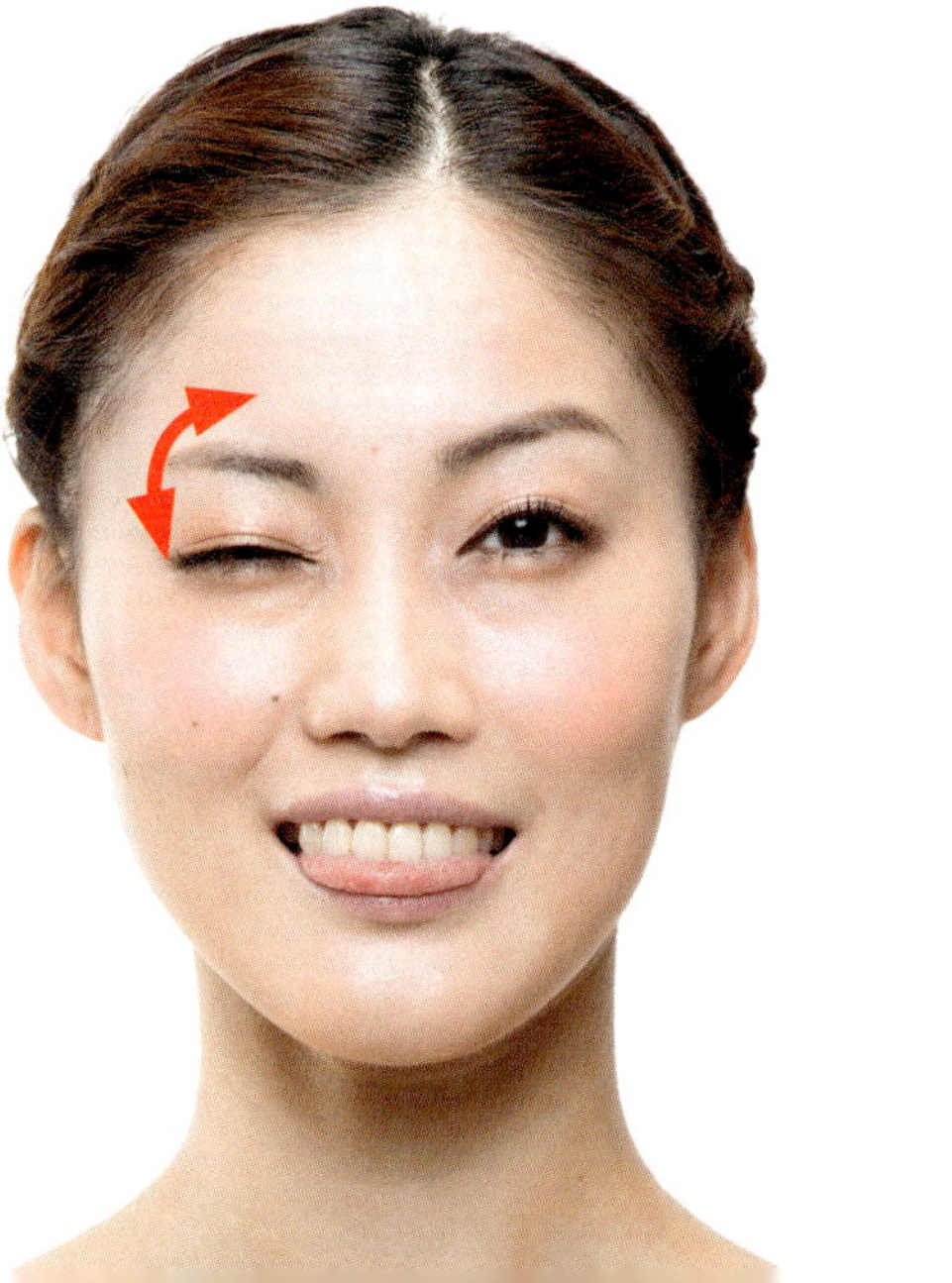
左右交互に
合計10回
ウインク

Face Dance

目尻のシワ

鼻のつけ根をつまみながら、目尻のシワを上に引き上げ、まばたきする

>> ココにアプローチ！ <<

眼輪筋

目尻をツンと引き上げ、細かいちりめんジワを定着させない「目アイロン」

笑うと目尻に寄る細かいちりめんジワを伸ばし、定着するのを防ぎます。片手で鼻のつけ根をつまみ、固定しながら行います。目尻のシワにアイロンをかけて伸ばすようなイメージで行いましょう。下まぶたから目尻をピンと伸ばすことで目袋の予防にも役立ちます。

効果的に行うコツ

◆目尻のシワがピンと伸びるのを確認しながら。

◆皮膚を引っ張りすぎないように。

◆まばたきはパチパチとリズミカルに。

1

片手で鼻のつけ根をつまむ。

力を
入れない

2

もう一方の手の人差し指で片ほうの
目尻のシワを上向きに引っ張る。

3

目尻がピンと張るのを感じながら、１０回ゆっくり目を開けたり閉じたりする。左右手を替えて反対側も同様に行う。

10回
まばたき
する
反対側も
同様に

Face Dance

パッチリ目

眼球を上下左右斜め、ぐるりと動かし、バランスを整える

>> ココにアプローチ！ <<

眼球を動かす筋肉

眼球を上に向ける筋肉を鍛え、キラキラ輝くパッチリ目になる

動かすのは
眼球だけ
ぐる〜り
リズミカル
にバランス
よく

日常生活では、真正面よりも上を見るということがあまりないため、視線が下方向ばかりに偏りがちです。眼球を上に向ける筋肉を鍛えることで筋肉のバランスが整い、目に輝きが生まれ、魅力的で若々しい目元に変わっていきます。リズミカルに行いましょう。

効果的に行うコツ

◆顔は動かさず、眼球だけを移動させる。

◆リズミカルにバランスよく動かす。

1

顔は正面を向いたまま、眼球だけを上に動かす。

顔は動かさないように

2

眼球だけを下に動かす。

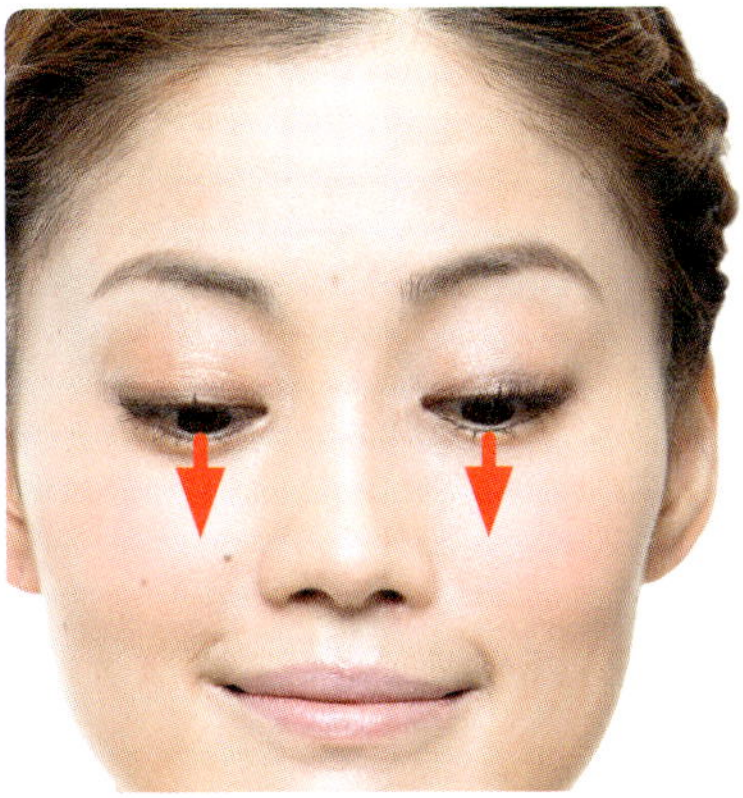

3

眼球だけを左右に動かす。

4

眼球だけを右斜め上、左斜め下に動かす。次に、左斜め上、右斜め下に動かす。

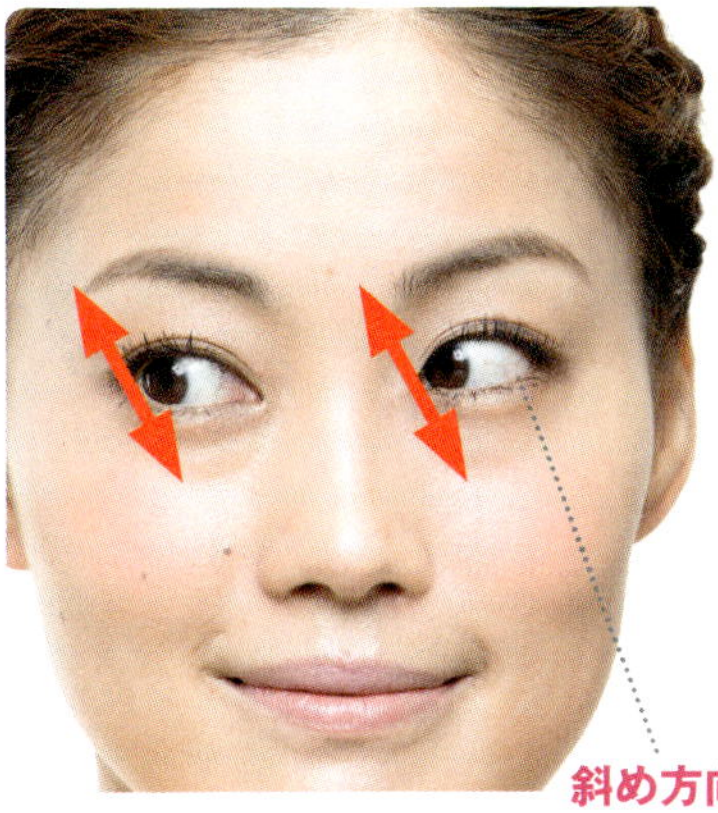
斜め方向に左右交互に眼球を動かす

5

眼球だけをぐるりと一周動かす。

Face Dance
目の周りのむくみ

まゆの上に2本指をのせ、心地よく感じる強さで
指圧しながらリズミカルにまばたきする

>> ココにアプローチ! <<

眼輪筋

眼球を取り囲む筋肉を指圧して疲れとむくみを洗い流す

グッ
眉間が伸びるのを感じながら指圧する
パチパチとリズミカルにまばたきする

上まぶたと下まぶたを引き寄せて目を閉じる働きをする眼輪筋をを鍛えるとともに、まゆの上の心地よく感じるゾーンを刺激して疲れやむくみをスッキリ解消する顔ダンスです。まゆ頭、まゆ尻を指で固定しながらリズミカルにまばたきしましょう。

効果的に行うコツ

- ◆眉間、目尻がピンと伸びるのを感じながら。
- ◆まばたきはパチパチとリズミカルに。
- ◆皮膚を引っ張りすぎないように。

1

両手の中指を両まゆ頭、人差し指を両まゆ尻に置きます。

指を軽く
持ち上げる
ように

2

まゆ頭、まゆ尻を心地よく感じる程度の強さで軽く持ち上げるように指圧します。

リズミカルに
10回
まばたきする
目を閉じて
10秒
リラックス

3

そのままリズミカルに１０回目を閉じたり開いたりしたら、目を閉じて１０秒リラックス。

Face Dance

目力アップ

目の奥に風を通すようなイメージで目を大きく見開いたら、閉じてリラックス。

>> ココにアプローチ！ <<

眼輪筋

目の周りの緊張を取り除き、イキイキとした目元になる

まゆ毛を上げないように
目の奥に風を通すイメージで
カッ

目を大きく開いたり閉じたりする動きをリズミカルに行って、緊張してこわばった目の周りの筋肉を心地よくリラックスさせましょう。余計な力を入れずに行うことがポイントです。

効果的に行うコツ

◆まゆ毛を上げないように。
◆目を見開くときは目の奥に風を通すようなイメージで。
◆目を閉じるときは軽くそっと閉じる。

1

パチパチと数回まばたきする。

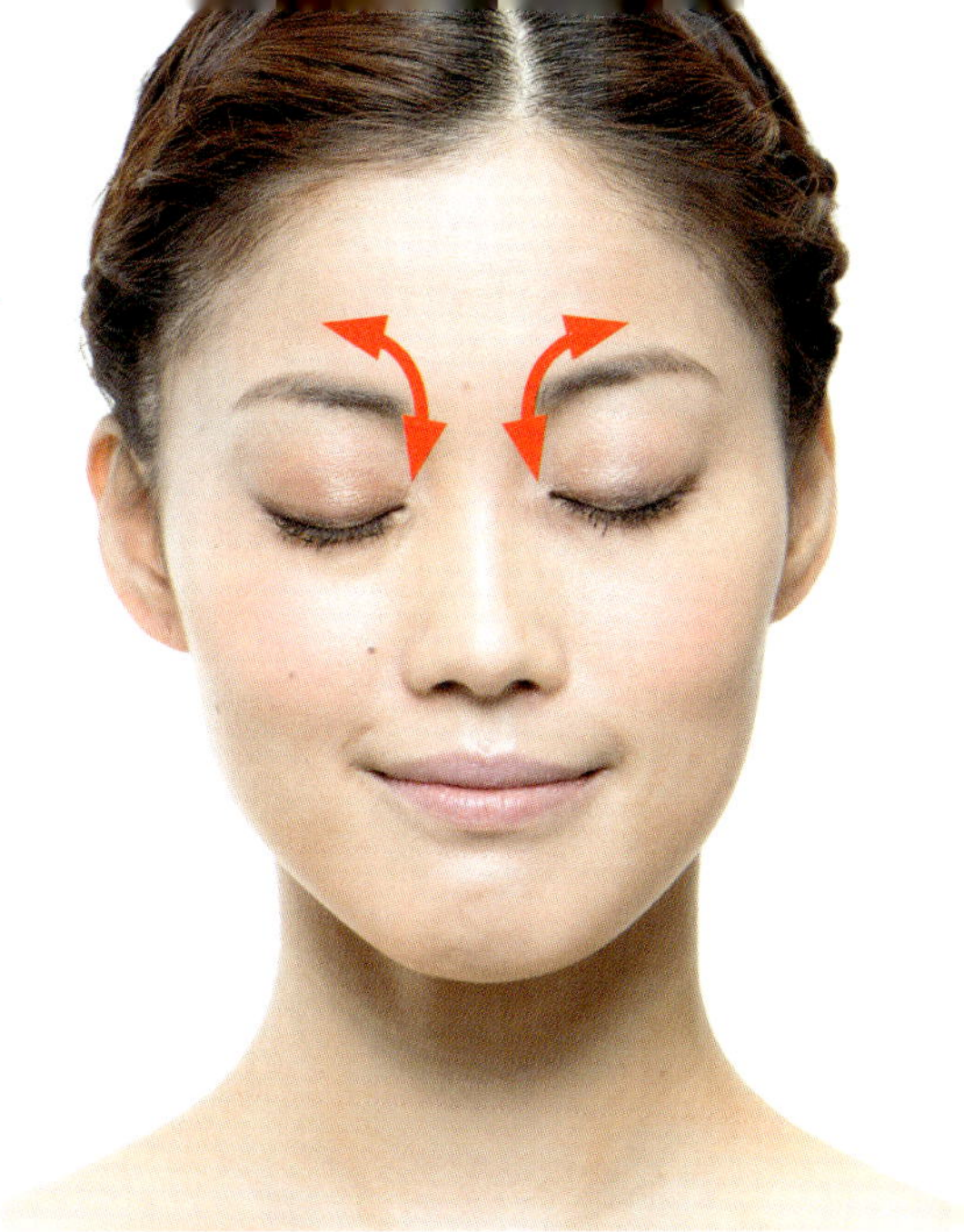

まゆ毛を
上げない
ように
目の奥に
風を通すよう
に少しずつ
見開く

2

目を大きくゆっくり見開いていく。

3

軽く目を閉じる。2～3を2回くり返す。

2回
くり返す
力を
入れない
ように

Face Dance

老眼予防

若見え効果バッチリ！老眼を遅らせる目の遠近トレーニング

目の前に立てた人差し指を遠ざけたり近づけたりする

>> ココにアプローチ！ <<

毛様体筋

私たちの目は、毛様体筋が水晶体の厚さを変えることで遠近調節を行っています。40代以降の95％が悩むという老眼は、加齢により水晶体がかたくなり、遠近調節の働きが衰えたり、ピントを調節する毛様体筋が衰えたりすることで起こります。近くの物が見えづらくなり、手にとった物を遠ざけて見るクセは、若見えの大敵です。毛様体筋を鍛えて老眼を防ぎましょう。

効果的に行うコツ

◆指先に焦点を合わせ、腕を伸ばしきった最大の距離までしっかり見つめる。
◆指を近づけてぼやけても気にせず、顔から15～20cmのところまで近づける。

1

軽く右腕を曲げ、顔の前に人差し指を立てる。

遠くに離して
爪を見つめる

2

右腕をまっすぐ伸ばし、指先を見る。このとき、人差し指の爪を見つめる。

3

次に、爪を見つめながら人差し指を顔に近づけていく。ぼやけても気にせず、そのまま見つめ、顔から15～20cm程度のところまで指を近づける。2～3を3回くり返す。

近づけて爪を
見つめる

3回
くり返す

Face Dance

眉間のシワ

まゆ毛のやや上を息を吐きながら
外側に向かってさする

>> ココにアプローチ！ <<

皺眉筋

緊張と無意識のクセで刻まれた深い溝は呼吸に合わせてさすり消す

まゆあたりをゆるめるように
息を吐きながらさする
眉間のシワが伸びるのをイメージしながら
ふぅーっ

眉間のシワは怒りジワともいわれ、人を寄せ付けないコワイ顔に見える、絶対に作りたくないシワ。難しいことを考えたり、寝ているときに力が入っていたりすると定着しがちな表情のクセです。呼吸と合わせてリラックスしながらさするのがコツ。

効果的に行うコツ

◆まゆあたりがゆるむのを感じながら。
◆息を吸いながらまゆの上を指圧し、吐きながら真横にさする。
◆眉間のシワがキレイに伸びるよう意識しながら。

1

両手の親指と小指以外の指をそろえ、軽く圧をかけるようにまゆ毛の少し上に当てる。

眉間の皮膚を
伸ばすような
イメージで
息を吸って
吐きながら
3回
くり返す

2

鼻から息を吸ってまゆの上を指圧し、口から吐きながらこめかみに向かってさする。1～2を3回くり返す。

Face Dance

首のたるみ

真上を向いてあご下から首の筋肉を伸ばしたら、あごを突き出し口を真横にストレッチ

>> ココにアプローチ！ <<

胸鎖乳突筋　広頸筋　顎舌骨筋

首の横ジワを薄くして二重あごを防ぎ、デコルテラインも整える

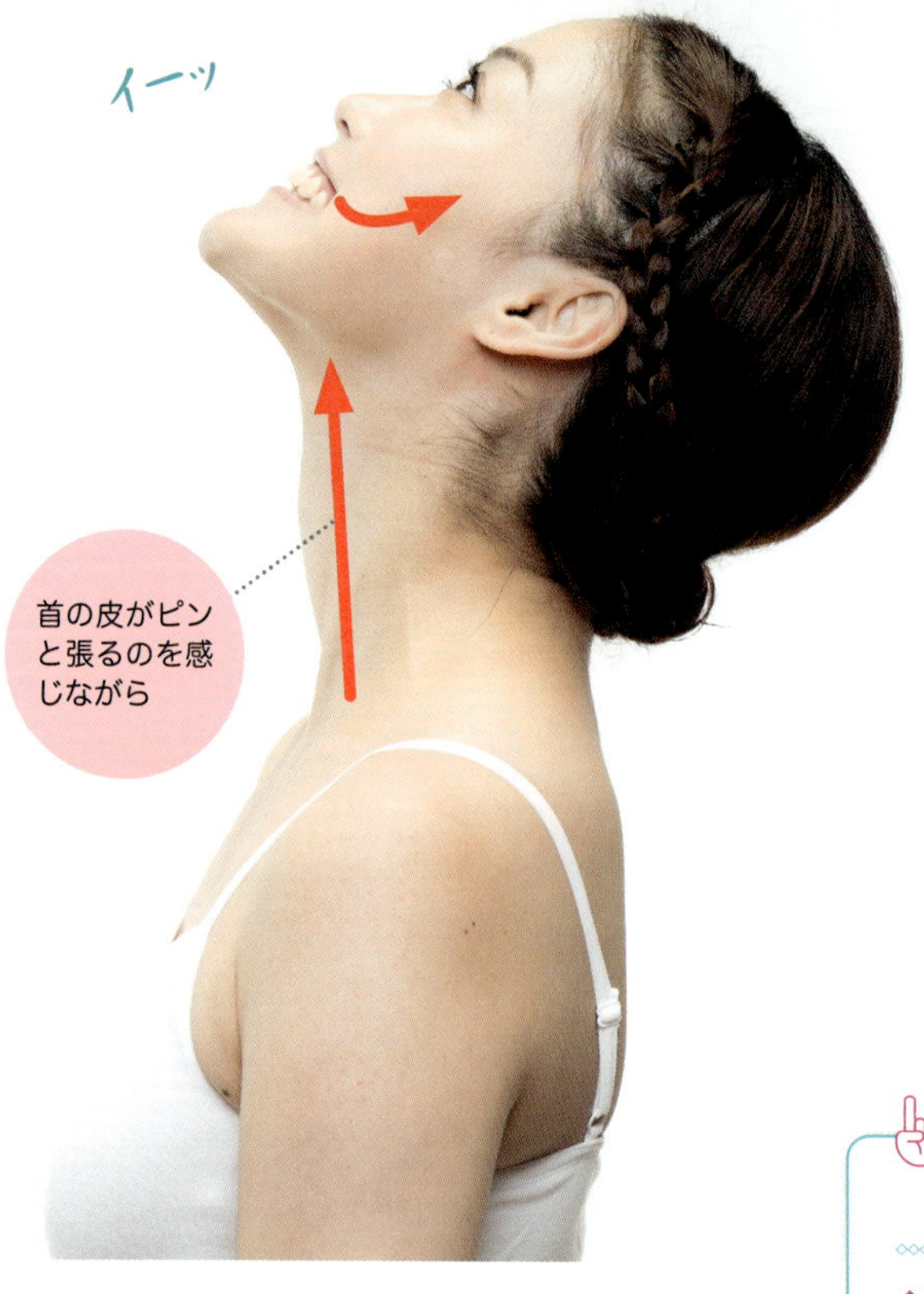

首を曲げたり回転させたりする胸鎖乳突筋のほか、首の両側の皮膚を緊張させる広頸筋、舌骨と下あごをつなぐ顎舌骨筋を鍛える顔ダンス。首の横ジワと二重あごを防ぎ、美しいデコルテラインが期待できます。頸椎を傷めている人は危険なので行わないでください。

効果的に行うコツ

◆頸椎を傷めている人は禁止。
◆伸ばしたとき、首の皮がピンと張るのを感じながら。
◆両乳首を結んだ線から３cm上あたりに指を置き、筋肉の動きが感じられたら効いているサイン。

1

首をゆっくり上げて真上を見上げる。

首に負担を
かけないよう
にゆっくりと

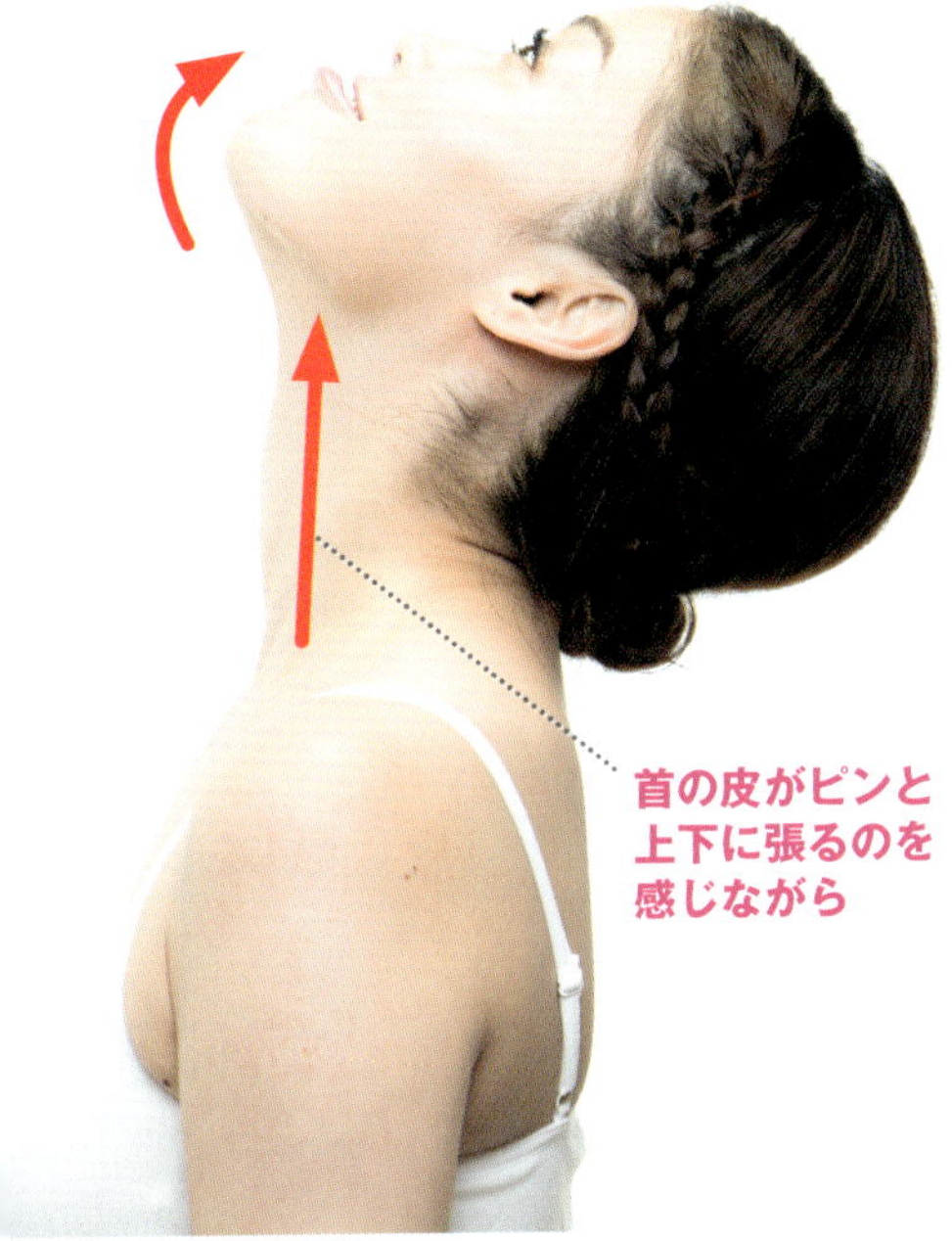
首の皮がピンと
上下に張るのを
感じながら

2

下あごを突き出し、5秒キープする。

3

口を真横に伸ばし、「イー」の口をして5秒キープする。2〜3を3回くり返す。

3回
くり返す

Face Dance

鼻すじ

鼻の穴を指でふさぎ、息を吸って一気に吐き出す

>> ココにアプローチ！ <<

鼻筋

小鼻の広がりを防いで鼻すじをキュッと引き締め整える

キューッ
スーッと鼻すじが通るイメージで
指を離すと同時に一気に息を吐く

年齢とともに知らず知らずのうちに広がってしまう小鼻。小鼻を内側に引き締め、スーッとした鼻筋を作る筋肉を鍛えてメリハリのある若顔を作りましょう。「鼻よ高くな～れ！」と念じながら行うのがコツです。

効果的に行うコツ

◆鼻の穴に指を入れないように(軽く栓をする感覚で)。

◆指を離すと同時に強く鼻から息を吐き出す。

◆鼻すじがスーッと通るのをイメージしながら。

1

人差し指と中指でチョキを作る。

2

両鼻の穴を軽くふさぎ、思い切り鼻から息を吸い込み、小鼻を引き締める。

ポンッ

3

指を鼻の穴からはずして一気に鼻から息を吐く。2～3を3回くり返す。

小鼻がキュッと
引き締まるのを
意識しながら
3回
くり返す

Plus1
マッサージ①
朝晩の毎日の洗顔時に
二重あご

あごの脂肪をたたき落として ぼやけたフェイスラインを シャープに

フェイスラインを朝晩100回ずつ パッティング。あご肉をグイッとかき出す

>> ココにアプローチ! <<

あご下のたるみ肉

朝晩の洗顔後、顔に水がついたままフェイスラインを100回ずつたたき、あごの肉を指でかき出すようにマッサージしましょう。これを習慣づければ1日200回、1週間で1400回、1カ月で6000回！　毎日の積み重ねで将来のフェイスラインに大きく差がつきます。

効果的に行うコツ

◆両手で前方向にはらうように刺激すること。軽くうつむいて行うと効果的。
◆あご下の肉は脂肪をかき出すように。
◆あごの両サイドの肉は親指を半円状に動かしながらかき出す。

1

フェイスラインに手を当て、前方向にはらうように軽く100回たたく。

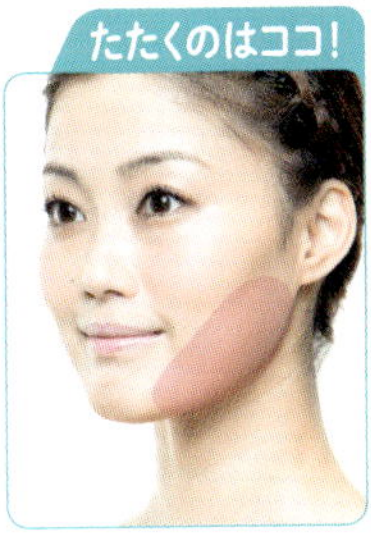
たたくのはココ!

両手のひらの親指の下のふくらんだ部分をあごの下に当てる
必ず前方向へ
100回たたく

あご下肉を削ぐように
あご先に向かって
10回マッサージ

2

次に、人差し指と中指をあごの下に当て、脂肪をかき出すように前方へ10回マッサージする。

外側へはねるように親指で半円状に
左右交互に10回ずつ

3

両手の親指であごの両わきの脂肪をはらうように半円状に動かしながら外側へかき出す。左右交互に10回ずつ行う。

Plus1
マッサージ②

週1回シャンプー時に

フェイスアップ

こめかみ→額→顔の両側→えり足→ほおの下の5段階で引き上げる

>> ココにアプローチ! <<

前頭筋　後頭筋

週1回で絶大な効果!顔のたるみを頭皮に戻すマッサージ

気持ちよく感じる程度の強さで
皮膚だけを引っ張らない
ザク
ザク
力加減に注意しながら

顔のたるみを頭皮に戻す、週1回で効果抜群のマッサージ。前頭筋とともに、前頭筋とシーソーのような働きをする後頭部にある後頭筋を鍛えます。顔全体を引き上げ、額のシワを薄くする効果も期待できます。頭皮の血行がよくなり、薄毛を改善する育毛効果もバッチリ!

効果的に行うコツ

◆皮膚だけを無理に引っ張らない。あまり力を入れすぎない。
◆指全体を使って、もみ込みながら引き上げるイメージで。
◆皮膚にテンションをかけるマッサージなので週1回でOK。

1

【こめかみ→後頭部】

両手の親指をこめかみに当て、手のひら全体で頭を包み込むように斜め上に引き上げ、頭皮をもみ込むようにしながら後頭部までマッサージする。

顔のたるみが
持ち上がるのを
確認しながら

頭の
余分な脂肪を
集めるような
イメージで

2

【額→後頭部】

次に、両手を額と髪の毛の生え際に当て、額のシワを伸ばすように引き上げ、頭皮をもみ込むようにしながら後頭部までマッサージする。

3

【顔の両側→後頭部】

今度は、両手で顔をはさむようにして耳の上に当て、そのまま水平にずらしながら後頭部までマッサージする。

ほおの脂肪を
後頭部に集める
ようなイメージで

首の後ろ
のたるみ
を引き上
げるよう
にしなが
ら

4

【えり足→後頭部】

両手の親指以外の４本の指を左右のえり足に当て、首の後ろのたるみを引き上げるようにしながら後頭部までマッサージする。

5

【ほおの下→こめかみ】

親指以外の４本指を使って、片ほうのほおの下からこめかみまで、両手で皮膚をやさしく引き上げるように交互に手をすべらせるように移動させていく。

6

【こめかみ→後頭部】

片手をこめかみに当て、斜め上に引き上げ、頭皮をもみ込むようにしながら後頭部までマッサージする。5～6を反対側も同様に行う。

Column

おきゃんママ流・
たるみ改善グッズ&レシピ

紫外線や睡眠中の重力からたるみをガッチリガードする
おきゃんママ愛用グッズと小顔ジュースレシピをご紹介します。

※表示は税抜価格です。

ヒップの位置も高ければ高いほど若見え効果アップ。キュッと上がったお尻のために。ボディローラー／私物

紫外線もたるみの大敵！顔・デコルテをすっぽりカバーしてくれるUVカットマスク。フェイスonワンピ 各色¥3,800～／プリアベール
問 http://www.preaveil.jp

肌バリアを壊さないおきゃんママ監修のスキンケアライン。左からエクサクリーム（¥6,000）、エクサローション（¥5,000）、ピュアコラセラム・ピュアコラウォーター（セットで¥7,000）／リフトボーテ
問 http://www.liftbeaute.com

首の下に当てて寝ると頸椎がストレッチされて顔を重力から解放してくれる。シンデレラストレッチピロー ¥9,333／スリーオン
問 http://3onshop.shop1.makeshop.jp

手作り小顔ジュース

◆野菜と果物をたっぷり使った生ジュース。食物線維豊富で美肌効果抜群のリンゴ、強力な抗酸化作用のあるコマツナとパセリを投入。続けていくうちにスッキリ小顔に。

【材料・1人分】
リンゴ……1/2個
コマツナ……1/2束
パセリ……ひとつかみ
レモン汁……小さじ2
ショウガ……5g

【作り方】
①リンゴは皮をむき、一口大に切る。コマツナはざく切りにし、ショウガは皮をむいて薄切りにする。
②すべての材料をジューサーにかける（→P.94）。

STEP
3

もっと若見え！
顔ダンス
200%活用術

顔ダンスを若返りのツールとして
上手に使いこなせば、若返り効果も倍増！
〝たるみようのない顔作り〟のコツを紹介します。

目指すは実年齢よりも10歳若い顔。これが熟女の生きる道

「フェイスラインや目の下のたるみ」「ほうれい線」……。若返りに関するワードで検索すると、化粧品、美容器具、美容外科の広告が続々とヒットします。

老け顔に悩んでいる人が、真っ先に飛びつくのが、高額なアンチエイジング化粧品、美容器具ではないでしょうか。で、使ってみたけれど、効果がない。そこでさらに思うわけです。

「ああ、やっぱり美容整形しかないんだ」……と。

ご安心ください、顔にメスを入れなくても、お金をかけなくても、顔は自力で若返らせることができます！

そもそも、顔に美容液やクリームをぬったり、器具で皮膚にわずかな振動を加えたりしたところで、たるみは取れません。

たるみは、顔に何かぬったら引き上がるという単純なものではないのです。

顔を土台からがっしり引き上げていくのは、骨の上にあり、また皮膚を支えている表情筋を強化する以外に方法はないのです。

人生80年と考えた場合、もし40歳で老け顔に気づいたとしたら、後半の40年は「自分はもうオバサンだ」という思いを心に抱きながら生きていくことになります。

若さと美しさを謳歌《おうか》する時代なんて、せいぜい18歳から33歳くら

いまでのわずか15年。「老けた、もう若くない」と思いながら生きていくのは40年。

つまり、この40年の意識を変えなければ、幸せな人生を送ることはできないのです。

ではどうすればいいのか？　老けた顔も、まずは受け入れることです。

生まれてから現在まで、ともに人生を歩んできてくれた自分の顔。たったひとつのあなただけの顔を、感謝とともにいつくしみ、愛してあげましょう。

そして、最終的には、実年齢よりも10歳若返ることを目標にしていくのです。

顔ダンスは、高額化粧品や美容器具、美容整形に頼らず、自分で若返るツール。お金だって1円もかかりません。

続けるうち、自然と自分自身の思い願う若顔へと近づけていってくれます。

おきゃん語録

自分の顔を受け入れたら、10歳若い顔を一生キープすると心に決める。

2週間で実感、1カ月でハリが出て3カ月で変化が起こる！

顔ダンスを実践すると、次のような変化が期待できます。

・輪郭が整った
・ほおと口角が上がった
・あごのラインがシャープになった
・ほうれい線が薄くなった
・目の下のたるみが気にならなくなった
・フェイスラインが引き締まった
・額・眉間のシワが薄くなった
・顔色がよくなり、肌にハリが出た
・目の周りのむくみがスッキリした
・二重あごが解消した

……などなど。ただし、効果の現れ方には個人差があります。

通常、顔ダンスをはじめて2週間程度で「以前よりも顔を動かしやすくなった」「口角が上がりやすくなった」などの変化を実感することが多いようです。

さらに、1カ月くらいすると、「ほおの位置が上がった」「ほうれい線が薄くなった」と外見の変化に自分で気づくようになります。

そして、2〜3カ月後には家族や周りの人から「なんだか顔がスッキリした」「若返った」と指摘されるようになり、5〜6カ月

くらい過ぎたころには、顔が一回り小さくなったような変化を実感したという報告が多く寄せられています。

筋肉は約3カ月で生まれ変わりますから、最低でも3カ月を目標に毎日実践してみてください。

もちろん、効果の現れ方も人それぞれです。また、たるみの度合いや体質には個人差がありますから、全身状態や生活全般、食事全体も大きく影響します。

人間の細胞は、すべての細胞が連絡を取り合い、協調しながら働いていますから、胃腸の調子が悪く便秘がちであったり、血行が悪く冷え症であったりすると、お肌の細胞の活性が低下してどんな美容法も負担になるだけ、ということが起こります。

食事や生活、体調を整えながら、根気よく実践してください。

ちなみに、「顔の筋肉が発達しすぎてゴリラ顔になりませんか？」という質問をいただくことがありますが、表情筋はひじょうに薄いため、不自然にムキムキになることは通常はございません。

おきやん語録

若返りには根気も大切。まず3カ月は続けてみて！筋肉が新しく生まれ変わる！

すべてのプログラムを毎日実践すれば必ず結果がついてくる!

顔は、ほうっておけばどんどん下垂していくのが、自然の摂理。5年後には5年分の、10年後には10年分のたるみが顔にたまっていくことは、だれにでも平等に起こります。若々しい顔は、時の流れに身をまかせていたのでは、決して手に入らないのです。

顔ダンスを実践しても、瞬時に劇的に顔が変化することはありません。ある程度の根気も必要です。

そして、すべての顔ダンスはプログラム化されており、相互に作用していますから、単独で行っただけではあまり意味がありません。

顔ダンスのプロセスは、顔の筋肉の土台を引き上げながらパーツ別に対応するよう構成されていますから、すべてのプログラムをトータルで実践することで、それぞれのトレーニングが効果を発揮し、顔が若々しく変化するのです。

なお、すべてのプロセスを実践すれば、とくに順番に決まりはありません。

もし、あまり効果が感じられないという場合は、正しく実践されていない可能性があります。また、不自然なシワができてしまったという場合も、正しく行われていないおそれがあります。

正しく正確に顔ダンスを実践すれば、新たなシワが生じることはまずありません。

なぜなら、表情筋トレーニングで恐れられがちな「シワの発生」をきちんとカバーしたプログラムだからです。

・シワを定着させない
・顔全体を引き上げる
・若見えに必要な要素を凝縮して再現する
・比較的短期間に自然に顔の印象を変える
・全プログラム行っても10分程度の簡単な内容
・笑顔を作る筋肉をメインに鍛える（笑顔が美しくなる）
・話すときに色気のある口元が演出できる

以上のような工夫をこらして考案したメソッドです。

たるみは、40歳を超えるとだれしも経験する避けられないものですが、いまこの瞬間から顔ダンスをはじめていただければ、10年後のたるみを大幅に遅らせることも夢ではありません。

年齢を重ねるごとに素敵になることも、不可能ではないのです。

顔ダンスで老いの不安から自由になりましょう。

おきゃん語録

美しく若返るには根気も必要。トータル実践で10年後のたるみを大幅に遅らせられる！

音楽にのせて
ダンス、ダンス、ダンス！
顔をバランスよく鍛える

若返り効果を引き出す最大のカギは、「継続」。きちんと習慣化できるかどうかが重要なポイントとなります。

継続するためには、楽しくなければいけません。顔ダンスを楽しく続けるコツとして、音楽に合わせてプログラムを行うことをおすすめしています。

1曲5分程度の曲を選んで2回くり返すか、違う曲を2曲選んで行ってもいいでしょう。

効果的にトレーニングができますから、すぐに顔の血行がよくなり、表情筋が心地よい疲労感に包まれます。

若返り効果がその場で実感できるでしょう。

曲に合わせて行うと、難しく感じていたトレーニングが、シンプルで簡単にできることがよくわかるはず。

楽しい感情が伴うとリラックスして血流がよくなり、表情筋が効果的に鍛えられます。

曲は、アップテンポなものでなくても、お好きな選曲で大丈夫。ロックでもJポップでも演歌でも童謡でも、なんでもOKです。

自分が選んだ好きな曲なら、らくに楽しく続けられるはずです。

音楽に合わせて表情筋を鍛えるメリットは豊富にありますが、最大のメリットは顔の左右を均等に鍛えられること。

時間を自分の心の中でカウントしながら行うだけだと、顔のよく動くほうは無意識に長くやり、苦手なほうは短くなりがちです。そうすると、いつまでも筋肉の弱いほうはよく動くほうにくらべて鍛えられにくくなります。

そこで、リズムに合わせて顔を動かすと、顔の左右が同じように鍛えられますし、音楽に合わせて行うと時間がたつのもあっという間。**表情筋を動かすことがまったく苦にならなくなってくるでしょう。**モチベーションアップにも役立つはずです。

ＳＴＥＰ２のプログラムは、それぞれが相互に作用するような構成になっていますから、音楽に合わせて実践するだけで、顔をバランスよく若返らせてくれます。順番は自由にアレンジしてかまいません。

ちなみに、わたくしがセミナーなどで使用する代表曲は、『Ｌｏ《ラ》ｖｉｎ'《ヴィン》 Ｙｏｕ《ユー》』。顔ダンスの動きをじっくりていねいに行うのにぴったりの曲としておすすめです。

おきゃん語録

大好きな音楽に合わせれば、顔を楽しくバランスよく鍛えられる。

福を呼ぶ笑いジワと人を遠ざける眉間の怒りジワ

顔ダンスは、表情を作ることで表情筋を鍛えるトレーニングです。顔の動きによって細かいシワが一時的に生じることがありますが、定着してしまうことはありませんから、ご心配にはおよびません。

顔ダンスで構成されている動きは、わたくしのこれまでの研究をもとに、極力余分なところにシワが寄らないよう、細心の注意をはらって開発されております。**いかにシワを生じさせず、効果的にトレーニングできるかを重視して開発したメソッドですから、安心してトライしていただける構成になっています。**

どうしてもシワが気になる場合は、顔ダンスのときにシワが発生する場所を指で軽く押さえてから行うようにするといいでしょう。ところで、口を酸っぱくしていいますが、顔を老けて見せるのは、シワではありません。

遠くから「あ、オバサン!」と認識されるのは、細かいシワなどではなく、たるみで顔のあちらこちらに影ができているのが原因なのです。

たとえシワをひとつ消したところで、顔全体がたるんでいたら、パッと見、それほどの若返り効果は望めないでしょう。

ただし、シワにも色々あり、笑ったときに顔に浮き出るシワは、悪い印象を与えない「福相」を作るもの。

逆に、絶対に作ってはならないのは、ズバリ、眉間のシワ。何かをたくらんでいたり、憎しみの感情を抱いていたりするときに現れる悪相で、苦しみにゆがんだときにも生じます。

とくに女性は絶対にこの「怒りジワ」を定着させないようにしたいものですね。

顔を土台からがっしり引き上げていくのは、骨の上にあり、また皮膚を支えている表情筋を強化する以外に方法はありません。

肌のうるおいとハリを保つカギである真皮のコラーゲンなどが、若いころのようにしっかりと整っていればたるみは発生しませんが、これらを生み出す線維芽細胞自体、20代後半から増殖能力は低下していきます。また、皮下組織の脂肪の質も変化していきます。

こうした弾力不足に対抗し、皮膚を引き上げていくには、表情筋を強化することがとても有効なのです。

おきゃん語録

シワよりも恐れるべきはにっくきたるみ！
顔ダンス時のシワは、指で押さえて定着させない。

その日の気分を速攻リセット！顔ダンスのベストタイム

一人になれる場所さえあれば、どんなときでも顔ダンスタイム。いつでもどこでも思い立ったときに実践できます。

ご自分のもっとも実践しやすい時間帯であればいつでもOKです。ですが、セミナーなどでわたくしがおすすめしているのは就寝前の顔ダンス。1日の終わりに、その日の表情をリセットする意味を込めています。

大人の女性ともなれば、いつもいつも笑顔で1日が終えられる日ばかりではないはず。

家事や仕事などで忙しくしていると、眉間にシワが寄ったり、顔をしかめたりすることもあるでしょう。口角が思いっ切り下がってしまうような出来事も避けられません。

気分が落ち込んでしまうようなイヤな出来事だって起こるでしょう。

顔ダンスでは、口角を上げて笑顔になる表情をふんだんに取り入れています。

悲しいことや怒ったことが多かった日は、顔から笑顔が消えています。

そこで、顔ダンスで「いい表情」に必要な筋肉を強化させ、悪い表情をリセットさせましょう。

顔ダンスのプログラムを一とおり終えたら、必ず最高の笑顔を鏡で確認し、自分の中に笑顔をしっかりと刷り込みましょう。

最高の笑顔を確認し、そのまま10数えるのです。

一日ぶんの顔のひずみを正し、顔ダンスで得られた最高の表情を心に焼き付けて眠ることで、寝ている間に心のケアが行われ、また明るい新しい気持ちで翌朝がスタートできます。

ただ、無理なく続けることが第一ですから、ご自分のライフスタイルに合わせて実践しやすい時間帯に行ってください。

たとえば、夕方からのお疲れ顔が気になるときには、ランチタイムや午後の休憩時間に手軽に顔ダンスを実行するのもおすすめです。気になるパーツの顔ダンスからはじめれば、夕方からの顔に現れる疲れ感が格段に違います。

お仕事帰りに同窓会がある、婚活がある、合コンがある、若々しい顔でお子さんのお迎えに行きたい……。そんなときにもメイク直しのような感覚で、顔のコンディションを整えるのにも役立ちます。

おきゃん語録
最高の笑顔を形状記憶させる「就寝前の新習慣」。寝ている間にネガティブな表情をリセットする。

プロもやっている！
色っぽい口元になる
滑舌トレーニング

外見は美しいけれど、話してみてガッカリ。そんな経験はありませんか。

見た目が美しいだけの女性では、魅力も半減してしまうもの。**人を魅力的に見せるのは、実は話しているときの姿なのです。**

わたくしが重視しているのも、「話しているときに色気のある口元」ということ。

静止したときの顔で口角がいくら上がっていても、いざ話しはじめてみると、口元があまり美しく見えない、という人がときどき見られます。

話しているときの口元は、意外と注目されているものなのです。

芸能人、とくに歌手や役者さんが一般の同年齢の人よりも男女問わず若く見える秘密も、この口元の美しさにあるのです。

もちろん、常に人目にさらされているという緊張感もありますが、最大の理由は、口周りの筋肉がより発達しているから。

はっきりとした言葉を発しなければならない職業の人は、口の周りの筋肉、そしてそれにつながるほおの筋肉が発達し、柔軟性もあるため、口角が上がって表情もとても豊かです。

そして、こうした人たちは必ずといっていいほど、滑舌《かつぜつ》をよくする発声のトレーニングをしています。

ここでは、顔ダンスのウォーミングアップでも紹介しました「笑顔筋トレ」（→P．21）を発声しながら行ってみましょう。

まず、「あ」「い」「う」「え」「お」の正しい口の形を鏡で確認しておきましょう。

「あ」：たてに口を大きく開ける。

「い」：口角を思い切り引き上げる。

「う」：唇を前に突き出すようにすぼめる。

「え」：唇を左右に少し引っ張るようなイメージで。

「お」：口の中に大きな空間を作るようなイメージで。

そして、それぞれの音に1秒ずつかける意識で、ダイナミックな笑顔で、リズミカルにテンポよく「あ」「え」「い」「う」「え」「お」「あ」「お」と今度は声に出してみましょう。これを「た」行まで10回くり返します。

効率よくほおから口の周りの筋肉を鍛え、顔の下半分のラインを美しく整え、色っぽい口元作りに役立ちます。

おきゃん語録

滑舌トレーニングで一瞬で笑顔になれる！表情が華やぐ！

年齢とともにふくらむ小鼻をキュッと引き締めメリハリ小顔に

年をとると、小鼻が大きくなることをご存じですか?

ご両親が若いころの写真と現在のお顔をくらべてみてください。鼻の高さに関係なく、年齢を経た顔のほうが、小鼻が丸く大きくなっているはずです。

鼻が高い人でも、小鼻が大きく存在感があると、スッキリした若々しい顔には見えません。

とくに鼻の先が広がりやすくなってきますので、小鼻も顔ダンスですんなり高く鍛えましょう(小鼻の顔ダンス→P.56)。

人差し指と中指でチョキを作り、鼻の穴を軽くふさいで思い切り息を吸う方法です。

こうすると、小鼻がキュッと引き締められて奥に引っ張られる感覚が実感できるはず。

鼻筋が引き締まったことを鏡で確認してください。

そして、指を一気にはずすと同時に、鼻から「フン!」と息を吐きます。

この動きが鼻筋に働きかけ、小鼻を引き締める効果が期待できます。

3回くり返しましょう。

わたくしはもともと、凹凸の少ないのっぺりとした顔でしたが、この顔ダンスで明らかに鼻が変わりました。

鼻が高くなったのか、高く見えるようになったのかはわかりませんが（計測していないので）、「鼻が高いですね」と、以前はいわれなかったような言葉を頂戴することもあります。

また、この顔ダンスで鼻が高く見えるようになり、メリハリのある小顔になったという喜びの声も続々といただいております。

小鼻が弾力性を失ってかたくなってしまうと、なかなか改善は難しくなりますから、ぜひ早いうちから習慣づけておきましょう。

必ずや「やっといてよかった！」と10年後にきっと思っていただけることでしょう。

これ、裏を返せば、「やっぱりアレ、やっときゃよかったな……」と後悔するトレーニングともいえます。

ぜひ、「鼻よ、高くなーれ！」と念じながら行ってみてください。

おきゃん語録

小鼻の大きくふくらんだオバサンになりたくない人、10年後に笑いましょう！

フェイスラインを1日200回パッティング。たるみ知らずの顔になる

若いころは顔の造作が整っているかどうかで美しさが判断されることが多いものですが、ある年齢からはそれはあまり重要ではなくなります。ぶっちゃけ、顔がたるんでいるかいないか、もっといえばフェイスラインによどみがあるかないかで評価されるといってもいいくらいです。

顔の下半分がどんより、ぼんやりしてしまうと、とたんに老け感が増幅します。顔ダンスでフェイスラインは比較的順調に引き締まっていきますが、あごから首にかけてのでっぷりついた脂肪は、なかなか厄介なのです。

この部分に不自然に脂肪がつくと、顔自体がそれほどたるんでいなくても顔が大きく見えてしまいます。

また、あごから首にかけてのラインがくずれると、どことなく覇気がなくなり、だらしない印象を与えてしまうもの。この部分には絶対に余分な脂肪をつけないことが、若見えの鉄則です。そこで、朝晩の洗顔時を利用して二重あごを防ぎましょう（→P．58）。

まず、洗顔後の顔に水がついた状態のまま、両手のひらの親指の下のふくらみを使って、フェイスラインを顔の前方向に向かって100回軽くたたきます。フェイスラインのたるみを軽くたたき落とすような感覚で行いましょう。軽くうつむいて行うと効果的です。

このとき、頸椎を傷めないよう決してあごや首のほうに向かってたたかないよう注意してください。

次に、あごの下の肉を2本の指で削ぐように、あご先に向かってマッサージしたら、今度はあごの両サイドの肉をはらうように、両手の親指を使って半円状にマッサージします。それぞれ10回ずつ行います。

洗顔は、朝晩毎日行うこと。「顔を洗う」という行為のときに行うと、きちんと間違いなく習慣化できます。

1日200回フェイスラインをたたくと、1週間で1400回、1カ月で6000回、1年で7万3000回、10年でなんと73万回！

10年間一度もフェイスラインをたたかなかった人と、73万回たたいた人とでは、フェイスラインに違いが出るのは当然ですね。

毎日の積み重ねでフェイスラインのブルドッグのようなたるみを徹底的に防ぎましょう。

おきゃん語録

洗顔時のあご肉マッサージでデカ顔、ブルドッグ顔の不安から自由になれる！

リフトアップ効果バッチリ！
たるんだ頭皮を引き締め
引き上げる週1マッサージ

たるみを改善するときに忘れてならないのが、頭皮のたるみ。頭皮も顔の一部だからです。**頭皮も顔の皮膚と同様、年齢とともに弾力を失い、たるんでいきます。**顔の輪郭を支えているのは頭皮で、割合からいうと頭皮と顔は4：1の比率といわれています。

頭皮が老化して弾力を失うと、頭皮は薄く伸びてしまいます。重力によって、皮膚は上から下へとたるみ、頭皮のたるみが顔へと影響を及ぼすのです。

そこで、週1回だけ、シャンプー時におすすめしたいのが、フェイスアップマッサージ（→P．60）。顔に生じたたるみを頭皮に戻していくマッサージです。

手指を使って、こめかみから後頭部に向かって皮膚を尺取り虫のように移動させていきます。

皮膚だけを無理に引っ張らないで、組織全体を引き上げるように行います。

力を入れすぎないで、気持ちよく感じる程度の強さでマッサージしていきましょう。

マッサージ中、頭皮に戻った皮膚は髪の毛の中でドレープ状になりますが、血行がよくなっていますから、次第に頭皮は弾力を増し、引き締まっていきます。

顔全体を引き上げるのはもちろんですが、とくに額のシワに効果的。また、頭皮の血行をよくして頭髪を丈夫にし、抜け毛も少なくなってきます。

わたくし自身、このマッサージをはじめてから、薄くなりかけていた頭髪の生え際にしっかりと髪が生えてくるようになりました。顔を引き上げ、育毛効果も期待できるおすすめマッサージですが、やりすぎは逆効果。

皮膚にテンションを与えるマッサージなので、週1回程度にとどめましょう。

ちなみに、顔ダンスでは首からデコルテまでの筋肉も鍛えますが、シワのないハリのある美しいネックラインも若見えの大きなポイントとなります。

頭皮も首も、顔と連動している大切なパーツです。ふだんからていねいにケアしていきましょう。

おきゃん語録

1週間分の顔のたるみは、週末に頭皮に戻す！

育毛効果もバッチリ！

口角を上げれば美人に見える！幸運が舞い込む！

先日、「口角を上げてにっこりほほえむと、脳にもよい影響を与える」ことが科学的に実証されたとラジオで報じられていました。**笑顔による表情筋の変化が脳の視床下部に働きかけ、自然とプラス思考を引き出し、アイデアがどんどん湧き出て前向きになるというのです。**

いいことがあると、私たちは自然と笑顔になるものです。脳が喜ぶと、自然と笑顔になり、笑顔になると脳が喜ぶ。顔と脳とはつながっており、無理にでも口角を上げて笑顔になるだけで、脳が刺激されて前向きになれるという話に、深く納得した次第です。

なるほど、眉間にシワを寄せた口角の下がった人に近づきたいと思う人はいないでしょう。一方、口角の上がった楽しそうな顔の人には、なんとなく引き寄せられるもの。たくさんの人が寄ってくれれば、新しい人との出会いのチャンスも格段にふえるはずです。

アイデアがどんどん湧いてきて、新しいプロジェクトに抜擢されたり、ツキに恵まれたりすることも少なくないでしょう。

実際、顔ダンスを実践された体験者の方からも、毎日が前向きに送れるようになったとの喜びの報告がたくさん寄せられています（→P．112）。

顔ダンスの動きのほとんどが、笑顔を作る筋肉を基盤に考案されていますから、顔ダンス中は少なくとも前向きな気持ちになり、結果、脳を活性化することにもつながるわけです。

顔ダンスで鍛える表情筋は、腹筋などと違ってひじょうに薄いため、鍛えても腹筋ほどガチガチになることはありませんが、筋肉のゆるみは即、皮膚のたるみへとつながりやすいのです。

ふだんから表情筋を鍛え、口角をキュッと上げていると、どんなときも瞬時に笑顔を見せることができます。

ツキを呼ぶには、笑顔を見せることが大切。顔ダンスで笑顔を作る表情筋をていねいに鍛え、幸運を呼び込みましょう。

なお、口角を上げることは、一瞬で横顔美人になれるテクニックでもあります。横顔こそ、人に見られています。

「横顔を見られているな」と気づいたら、口角をピン！と上げてみましょう。すぐに横顔美人になれること、請け合いです。

おきゃん語録

口角を上げるだけで人気者になる！
横顔美人になれる！

おきゃんママが答えます！

顔ダンスQ＆A

こんなとき
どうする？

Question & Answer

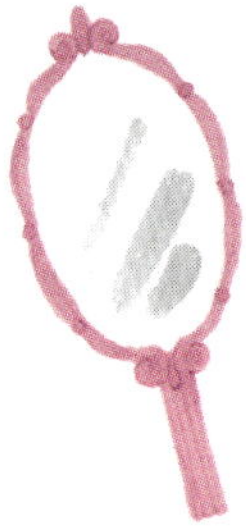

Q1

**顔ダンスは
やればやるほど早く
効果が出るの？**

１日１回で効果が現れるようにプログラムされていますから、基本的には目安となる時間や回数を守ってトータルで行ってください。本書のやり方に沿って毎日コツコツと継続することが、長い目で見てよい筋肉を作ることにつながります。

Q2

**気になるパーツだけを
選んでやってもいいの？**

それぞれの顔ダンスは相互に作用し合って構成されていますから、必ずすべてのプログラムをトータルで行ってください。気になるパーツだけを重点的に行うより、すべてをバランスよく行ったほうが効果的です。あまりにも同じトレーニングばかりをくり返すと、肌に負担になってしまう場合があります。

Q3

**効果的に行っているか
どうかを自分で
チェックするには？**

顔ダンスを行って、血行がよくなり、顔がポカポカと温かくなってきたり、軽い疲労感を感じたりしたら、それが効いているサインです。最初はうまくできなくても、続けるうち、それまで動きにくかった筋肉が柔軟になり、動きやすくなってきます。

Q4 どうしてもできない顔ダンスがあるときはどうすればいい？

それまでの筋肉の動かし方のクセなどにより、どうしてもできない顔ダンスがあります。とくに、ほおを上げる「リフトアップＡ」（→Ｐ.28）の動きは、どんなにがんばってもできない方がいらっしゃいます。そこで、代用トレーニングとして「リフトアップＢ」（→Ｐ.30）を紹介しています。何度トライしてもなかなかうまくいかないときや、不自然なシワが生じたりしたときは、その顔ダンスは中止し、「笑顔筋トレ」（→Ｐ.21）などを行うといいでしょう。

Q5 顔ダンスはいつまで続ければいいの？

顔ダンスをやめてしまうと、すぐに元に戻ってしまいます。長年トレーニングを積んでいるわたくしも、5日以上顔ダンスをしないと、明らかに顔にたるみを感じます。とくに、フェイスライン、口角の横のたるみがはっきりと感じられます。これほど顔の筋肉はゆるみやすいのです。顔は必ず年齢とともに下方向にたるみますから、ぜひ、一生続けていただきたいと思います。

Q6 目の下のたるみ解消の顔ダンス（→P.40）で舌をかむのはなぜ？

口の周りの筋肉をゆるめて目の周りの眼輪筋に意識を集中させるためです。下まぶたをピクピクさせるような動きは、ふだんわたくしたちは絶対にしないものですね。下まぶたを意識して動かすことはほとんどないため、それだけにたるみが発生しやすい部分なのです。眼輪筋の下部分を動かして目元を引き上げることは、慣れていないと最初は難しく感じるため、思わずふだんよく使う口周りの筋肉を使って動作を行いがちです。それを防ぐため、「舌をかむ」のです。すると、口周りがリラックスして顔の下半分の力が簡単に抜けるため、目の下に意識を集中できるというわけです。

Column

体もたるまない人になる！ヒップ&ウエストシェイプエクササイズ

ほおの位置が高いと若く見えるように、ヒップが高い位置にあれば、全身がスッキリ若々しく見えます。ヒップとウエストを同時に鍛えられるおすすめエクササイズです。

1

横に両脚を伸ばし、写真のように上体を起こす。体は両腕で支える。

2

片手を腰に当て、両ひざを曲げる。

3

下になっているほうのひざを曲げたまま、上の脚を上げ下げする。これを40回くり返す。脚を替えて反対側も同様に行う。

STEP

4

一生たるまない生き方

顔のたるみだけでなく、体のたるみも落ち込みがちな気分も自力で簡単に上げられます。おきゃんママ流“笑顔のすすめ”で若々しく！

顔のたるみに気づいたら

コラーゲン、エラスチン、ヒアルロン酸を全力で取り戻す生活を

たるみのおもな原因は、表情筋のゆるみ。表情筋は体の筋肉と違い、皮膚と筋肉が密着しているため、筋肉がゆるむと皮膚もいっしょにゆるんでたるみを生じてしまうのです。

ここで、皮膚の基本構造をおさらいしておきましょう。皮膚は上から表皮、真皮、皮下組織の三層からなり、表皮は保護作用、真皮は肌の土台として弾力を保つ役割を持っています。**ハリのある若々しい肌は、真皮の主要成分であるコラーゲン、コラーゲン同士をつなげるエラスチン、そのすき間を埋めているゼリー状のヒアルロン酸によって保たれています。**

たるみは、加齢とともにこれらが減少したり、変化したりして、真皮内の線維全体のネットワークがくずれることで起こります。ハリのある若肌のカギとなるコラーゲン、エラスチン、ヒアルロン酸を生み出しているのが、線維芽細胞。線維芽細胞は、加齢のほか、紫外線や活性酸素（老化の元凶物質）などにも影響されますから、顔ダンスと合わせて食事やライフスタイルなどを見直してたるみを早期に改善しましょう。

ほうれい線や目袋、二重あご、フェイスラインのくずれなど、たるみのサインは、線維芽細胞の働きが低下していることを示していますから、できるだけ早めに手を打ちたいものですね。

こんなサインが現れたら、生活全体の見直しを！

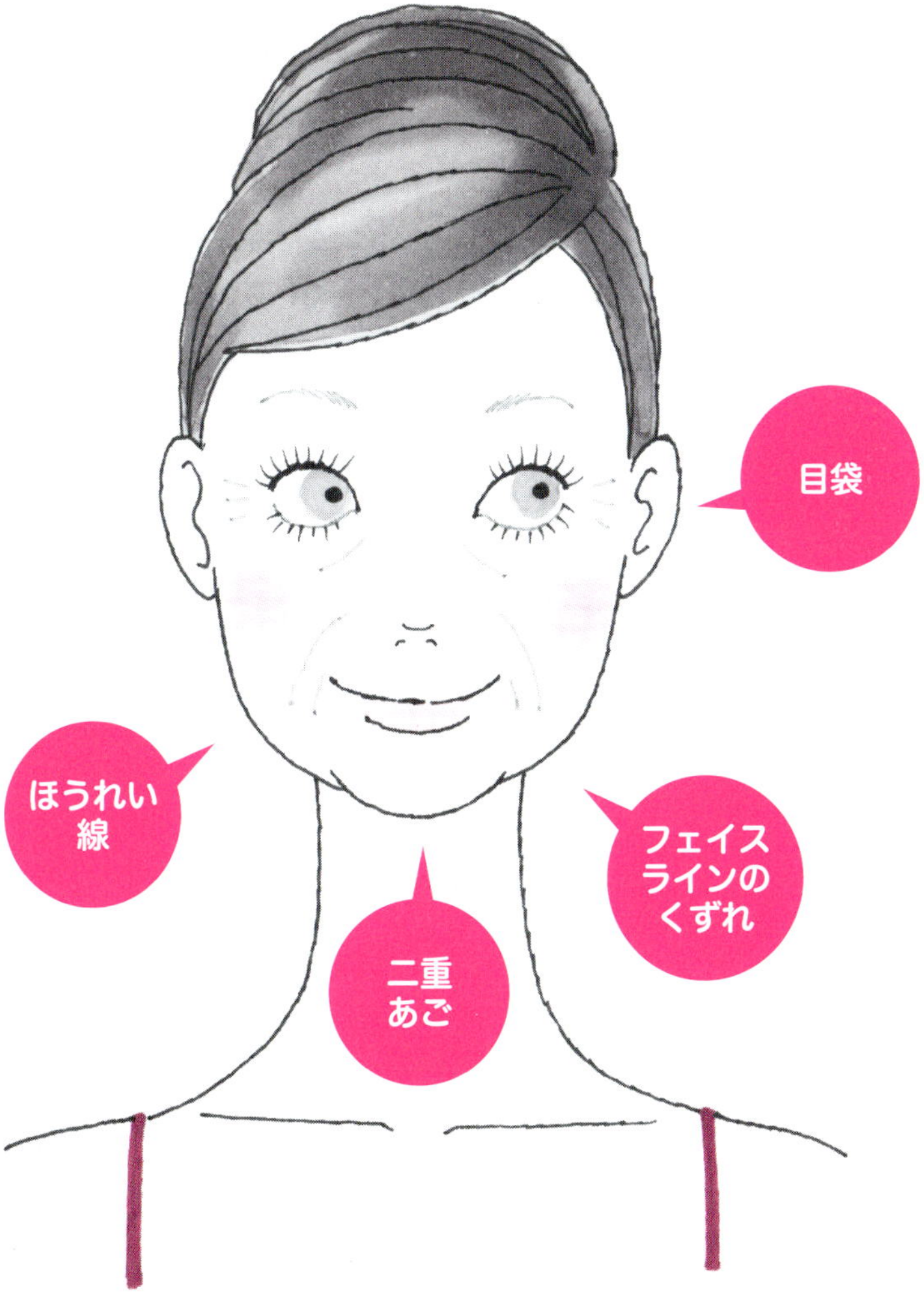

野菜と果物のパワーがぎっしり！小顔になる毎朝の習慣

わたくしは毎朝の生ジュースを欠かしません（→P．64）。**ジュースにすると、野菜や果物に含まれる有効成分を効率よく体内にとり入れることができます。**野菜や果物には、代謝を整えるカリウムや抗酸化作用のあるカロテン、ビタミンC、ビタミンE、ポリフェノール、酵素などが豊富に含まれています。

ジュースの材料は、キャベツやトマト、リンゴ、レモンなどのほか、気温が高めの日はほてりをしずめて水分代謝を促すキュウリや抗酸化作用のあるパセリをメインに、冷え対策には体を温めるショウガを加えるようにしています。むくみが気になるときは、夏ならスイカを取り入れ、代謝を促します。免疫力を高めて皮膚や粘膜を丈夫にするというニンジンもおすすめです。年齢的に骨粗鬆症も気になるため、カルシウム豊富でビタミンたっぷりのコマツナもよく利用します。そのほか、キウイやブドウ、ピーマン、パプリカなどを組み合わせることもあります。

習慣づけることが大切ですから、お好きな野菜や果物を選んで毎日続けてみてください。

ジュース作りに愛用しているのが、低速ジューサー。低速回転で材料を圧縮して搾るので栄養素の破壊が少ないのが特長です。各種市販されていますから、お好みのものを選ばれるといいでしょう。

朝生ジュースで体の中からキレイになる！

美肌になる食事

食事は肌の底力を育てるインナースキンケア

極端なダイエットや暴飲暴食、偏った食事は肌トラブルを招きます。たるみを防いで美肌を保つため、バランスのよい食事で内側からもきちんとケアしましょう。

美肌のために意識してとりたいのは、抗酸化作用の豊富な野菜や果物です（→P．94）。とくに、ニンジンやカボチャ、コマツナ、トマトなどの緑黄色野菜は、老化の元凶となる活性酸素を除去する作用が高く、皮膚や粘膜を強化して肌の老化を防ぎます。

中でも、抗酸化作用の高いリコピンを含むトマトは最強の美肌食。ほぼ毎日食べています。そのほか、ビタミンCたっぷりのジャガイモやイチゴ、キウイなども積極的にとりましょう。食物線維も豊富ですから、便秘を防いで美肌効果を高めてくれます。

さらに、たんぱく質は肌をつくるもとになりますから、魚や肉、卵、乳製品のほか、大豆製品もバランスよくとるようにしましょう。いろいろな食品からさまざまな栄養素を偏りなく摂取することで、強く丈夫な若肌が保てます。

そしてときには「ごほうび」として、好きなものを食べて心に栄養を与えるのを忘れずに。人気のイタリアンやフレンチで食事をしたり、話題のスイーツに舌鼓を打ったり。おいしいものを食べるという幸せ感が脳を喜ばせ、モチベーションアップにつながります。

ビタミンとたんぱく質で内側から肌を鍛える！

UVケア

肌の弾力を奪う紫外線は一年中カットする

紫外線は確実に肌老化を早めます。肌老化の最大の原因といってもいいほどです。

わたくしは運転時や洗濯物を干すときは、顔や首もとをしっかりガードする「フェイスonワンピ」（→P．64）を装着しています。外出時は冬でも日傘を差し、サングラスと手袋で完全防御しています。**どんなに顔ダンスで表情筋を鍛えても、紫外線カットを怠れば、たるみを防ぐことはできません。**

紫外線には真皮にまで届くA波と、表皮に影響して日焼けを起こすB波とがあります。どちらも肌の弾力を保っているコラーゲンを傷つけ、たるみを招くだけでなく、シミやシワを引き起こすなど、肌に深刻なダメージをもたらしますから、徹底的な紫外線対策が必要です。

くもりの日でも紫外線は降り注いでおり、油断は禁物です。とくに、真皮をじわじわ変性させる紫外線A波は、B波の減少する冬季や朝夕でも比較的多く降り注いでいますから、サンスクリーン剤で肌を保護するだけでなく、日傘や帽子、ストール、サングラスなどを利用して紫外線対策を万全にしておきましょう。UVカット機能つきのものを選べばさらに有効です。

紫外線対策を徹底させ、いつまでも美しい白肌を保ちましょう。

本当にコワイ紫外線から徹底的に肌を守る！

睡眠中のたるみには

この秘密兵器で重力の影響を最小限に

加齢とともに、若いころのハリや弾力、むっちりした質感が、まるでしぼんでいくかのように失われていきます。

これを実感するようになると、夜寝ているときに肌が下方向へ流れる感覚を覚えるようになっていきます。

横を向くと横に肌が流れ、反対側を向けば反対側へと流れる。上を向くと、鼻を中心に左右へと流れる。

寝ている間中、顔が重力で下へ下へと引っ張られ、たるみがさまざまな方向へと移動していくのを感じるのです。

とくに、皮膚がぽちゃぽちゃとやわらかい人ほど、この感覚を強く感じるようです。

そこで、寝ている間だけでも顔を重力から解放してあげましょう。顔を重力から守るには首枕がおすすめです。

シンデレラストレッチピロー（→P.64）を首の下に当てて寝ると、首がストレッチされ、頸椎が理想的な形になり、顔が水平に保たれます。

あごの位置が水平から上向きになるため、寝ているときの顔のたるみを感じることがなくなります。

また、頭の重みが枕にかかって全身が心地よくストレッチされ、寝姿勢をバランスよく整えます。

寝ているときの顔流れを防ぐミラクル枕

結論！スキンケアはシンプルがベスト

あふれる化粧品情報に、いったい何を選んでいいのかわからなくなってしまうことがありますよね。自分の肌に合う一生ものの化粧品に出合えていればいいのですが、なかなかしっくりくる化粧品に出合えず、次々と新製品にチャレンジしてしまう……。以前のわたくしもそうでしたが、実は、化粧品を次々と変えていると肌に大きな負担となり、余計にトラブルを招くことになるのです。

さまざまな成分がとっかえひっかえ肌にのせられ、マッサージされたりパックされたり、角質を無理にはがされたり。これをくり返すうち、肌はどんどん敏感になり、何をつけてもかゆみを感じたり、ピリピリしたりするようになります。そしてさらに肌に合う化粧品を求めてさまよい続けることになるのです。

こんな状態に陥ったら、スキンケアは最小限にとどめ、肌をいったん休めてあげることが大切です。

肌にやさしい洗顔料をよく泡立て、こすらず泡でやさしく洗顔します。そして、スキンケアはこれまで使い慣れた1～2アイテムに絞り込み、きちんと保湿すること。これがおすすめです。

できるだけ肌に刺激を与えないようにして過ごすうち、肌が自らうるおおうとする力が呼び起こされてくるもの。まずは肌を休め、肌の声に耳をすませてみるのもひとつの方法です。

あふれる情報から自由になるのが美肌の第一歩

オイル美容

良質のホホバオイルでななめ毛穴にストップ！

健康な肌は、表皮のいちばん上にある角層によって、水や異物が肌の中に入り込まないよう保護されています。これをバリア機能といい、バリア機能が低下すると外界からの刺激を受けやすくなり、さまざまな肌トラブルを招きます。

また、角層に水分を蓄えておくこともバリア機能の働きの一つ。肌が自ら作り出すセラミドや天然保湿因子、皮脂などの保湿物質によって肌のうるおいを保っているのです。

こうした保湿物質のバランスを保つのに、オイル美容をスキンケアに上手に取り入れることをおすすめしています。バリア機能が正常に保たれ、乾燥によるトラブルを防ぐことに役立ちます。

そして何より、肌の保湿バランスを整えると、たるみによってほおなどの毛穴の開きが目立つようになる「ななめ毛穴」を防ぐ効果も期待できるのです。

おすすめは、アロマテラピーのキャリアオイル（精油を薄めて肌なじみをよくするベースオイル）としてよく使われているホホバオイルです。ビタミン類や必須脂肪酸を含み、スムーズに肌に浸透します。無添加でほかの油を混ぜていない高品質なものを選ぶようにするといいでしょう。

これをメイク落としや化粧水のあとの保湿に利用します。

ホホバオイルで保湿バランスを整える

笑顔になればなるほど目立たなくなるという事実

多くの女性がほうれい線の悩みを訴えます。笑うとほうれい線が深く刻まれるので、なるべく笑わないようにしているという人も少なくありません。けれども、実は、あまり笑わないでいると、逆にほうれい線が目立ってしまうのです。

ほうれい線は、ほおの厚い脂肪を支えている皮膚や皮下組織がたるんで、顔全体が下垂していくことで生じます。

ほうれい線が気になって笑わないでいると、口角を外側に引く笑筋や口角を外側に引いたり口をすぼめたりする頬筋、口角からほおに走る大頬骨筋、小頬骨筋などがことごとく衰えていってしまうのです。

話したり食事をしたりという日常生活では、表情筋は顔全体の20〜30％程度しか使われていませんから、笑顔を意識して作らなければ表情筋は衰える一方なのです。年齢を重ねた人の不機嫌顔は人を遠ざけ運気を下げるもの。表情筋が衰えると肌のハリもなくなり、老け感は増幅するばかりです。

実際、他人は細かいシワなどのディテールよりも、その人のかもし出す全体的なイキイキ感に注目しているもの。「オーラ」といってもいいかもしれません。笑顔で感じがよく、明るく前向きな心を持つ人は、少々のシワなど消し去る輝きを放つものです。

笑顔のパワーはほうれい線までも目立たなくする！

汚肌から美肌になるとメイクも心も軽くなる!

わたくしは、いままでの人生の半分以上、肌トラブルに苦しんでまいりました。

10代後半から20代前半の青春時代には、ひどい化膿ニキビに悩み抜き、20代半ばから30代前半までは手のつけられない敏感肌、そして30代前半から後半までは乾燥、シミ、シワ、そしてたるみ……。あらゆる肌トラブルの総合デパートだったのです。いつも濃い化粧で肌トラブルを隠すような人生でした。

失恋や何かうまくいかないことがあると「肌が汚いからだ」と肌のせいにして、ずっと肌に対するコンプレックスを抱えて生きてきたのです。肌に悩んだらとりあえず手っ取り早いのが化粧品。ありとあらゆるものを試しまくり、相当の金額をかけてまいりました。「これだ!」と思ったものは、1点だけでなくすべて揃えるライン買い。しかし、改善するばかりか、何の変化もなかったのです。

そして40代になり、肌バリアを壊さない化粧品によるスキンケアに切り替えたところ、本当にあっさりと肌が変わったのです。**美しくトラブルのない肌に変わると、何をするにもワクワクと心が前向きになっていきました。**以来、ファンデーションで厚塗りしたり、ギラギラのポイントメイクで飾り立てたりする必要がなくなったのか、ナチュラルな薄化粧を楽しめるようになりました。

肌が生まれ変わると心も軽くなる！

生き方

スッキリ若顔に豊かな心で生きていく！

外見を若々しく美しく保とうと努力している人は、それだけで輝いています。実際、キュッと口角を上げ、はつらつとした表情で、適正体重を守り、身だしなみに気を配っている洗練された人には、年齢にかかわらず心惹かれるものです。

こうした緊張感を持って生活している人は、精神的にも美意識が高く、前向きで意欲的な人が多いもの。でも、外見の若返りに執着し、顔を若返らせること自体が目的になってしまっては残念です。外見をきちんとケアしながらも、同時進行で内面も磨くことを忘れたくないものですね。新しいことにチャレンジしたり、ボランティア活動に取り組んだりするなど、周囲の人に気配りしながら内面磨きの努力を続けていきましょう。

そもそも、顔の老化に早く気づく人というのは、高い美意識の持ち主ですから、そのすばらしい美意識を内面においても磨いていっていただきたいのです。

つまり、若返りの努力をしながらも、趣味の世界を広げたり、読書で知識をふやしたり、人の役に立つことを積極的にはじめてみたりして、内面も充実させていくのです。

実年齢よりも10歳若い外見を持ち、思慮も経験も分別も魅力も備えている女性。こんな人に心を奪われない人はいないはずです。

外見も、内面も！　女磨き道に終わりなし！

顔ダンスで若返った！

人生が変わった！

Happy Report

ブスッとした怒り顔の私が「幸せそうないい女」といわれるようになり、運気まで上がった。（39歳・Sさん）

私はもともと、どんなに楽しんでいても「どうしたの、つまらなそうな顔をして」とか「怒ってるの？」「疲れてる？」といわれることの多い人生を送ってきました。いま思えば、自分の損な顔グセに気づかず、周りに迷惑をかけていたのです。

そんなとき、おきゃんママのブログに出合い、顔ダンスを知ったのです。

やってみるととても簡単だったので、苦もなく続けられ、とくに笑顔筋トレ（→P.21）は最低5回、好きな音楽を聴きながら真剣にやり込みました。

すると、次第に笑顔が顔に刻み込まれたのか、まるで自分の心の中に福の神が住み着いたような（笑）リラックスしたハッピーな気分で毎日を過ごすことができるようになったのです。

気分が明るいと、家族や友人と会うときも、笑顔の余韻で接する

ようになっていきました。

笑顔でいることのすばらしさに気づいた私は、自分の印象にさらに磨きをかけたいと思い、同時に心の持ち方や話し方にも気を遣うようになりました。

そうしたところ、数年ぶりに再会した友人から、「人相が全然違う！」「幸せそうだね。いい女になったよ」といわれたのです。

また、楽しいイベントに誘われる機会がふえたり、周りから親切にされたり、「ファンになりました！」といわれたりすることが次々と起こるようになったのです。仕事でもチャンスに恵まれ、ずっとあこがれていた新しいプロジェクトのリーダーに抜擢されたのです。

表情を少しでもよくしたい、という思いではじめた顔ダンスでしたが、周りのこうした変化に、顔の筋肉を上げていつも笑顔でいると、運気まで上がるのかと驚いています。笑顔を形状記憶させることで、とても大切な贈り物をもらったような温かい気持ちに包まれています。

コンプレックスはまだまだたくさんありますが、自分が変われば周りも変わることを知り、一つひとつ乗り越えていく自信がついてきました。この先どんな変化が訪れるかとても楽しみです。

顔ダンスで若返った！

人生が変わった！

Happy Report

美容院の鏡に映った見苦しい老け顔が9カ月で変わった！ポニーテールラインが現れ、上向きの若顔に。（46歳・Oさん）

46歳ともなるとたるみや小ジワは隠せません。とくにたるみは深刻で、美容院の鏡に映った自分の老け顔がとんでもなく見苦しく、真剣に悩むようになりました。

最初は化粧品でどうにかしようと思い、リフトアップできるというクリームを使ってみました。

なんとなく顔が引き上がったような気がしたので続けていましたが、次第に効果が感じられなくなってきました。

これはもうプチ整形しかない！　と思っていた矢先、顔ダンスに出合ったのです。

効果については半信半疑でしたが、若返りたい一心でトライしてみました。やってみるととても簡単で、ときにはサボったり、プログラムを飛ばしてしまったりすることもありましたが、自分のペースで無理なく続けることができました。

そして9カ月が過ぎたころ、顔に変化が訪れたのです。

最初はなかなか動かせなかった顔の筋肉が、いつの間にからくに動かせるようになり、気になっていたフェイスラインのくずれやたるみによる顔の影が、以前よりもあまり気にならなくなっていたのです。

また、横顔もスッキリしてシャープな印象に変わってきました。

口角が耳のほうに向かって引き上げられているような印象で、「これがおきゃんママのいう〝ポニーテールライン〟なのか」と実感した次第です。

いままでどんなアンチエイジング法を試しても、これほどの変化を実感したことはありませんでした。

そのうち、周りから「若返ったね」「なんだか顔が小さくなったみたい」といわれることもふえてきました。

人に会うのが楽しみになり、もちろん、美容院の鏡も以前ほど怖くなくなりました。

もし顔ダンスに出合っていなければ、いまでも自分に合う化粧品を求めてさまよい続け、はては美容整形を考えていたかもしれません。

お金もかからず、こんなに簡単に顔を若返らせてくれた顔ダンスを、これからも一生続けていきたいと思っています。

顔ダンスで
若返った！
人生が
変わった！
Happy
Report

ほおが上がって目の下のたるみが目立たなくなり、明るく若々しい表情に変わった！（Aさん・49歳）

顔ダンスをはじめてちょうど1年になりました。実践するたびに確実な変化が実感できるので、毎日欠かさず続けることができました。とくにうれしかったのが、長年の悩みだった目の下のひどいたるみが目立たなくなったこと。ほおがキュッと上がって、目のすぐ下にほおの盛り上がりが確認できるようになった効果だと思われます。

ふだんは何もいわない夫も、この変化に「顔の雰囲気がシャープになった」「表情が若々しく明るくなった」といってくれるようになり、励みになっています。

今月の誕生日で50代に突入しますが、これからの変化にワクワクする毎日です。年齢を重ねることを楽しみながら、これからもずっと顔ダンスを続けていきたいと思っています。

コンプレックスだった丸顔がキレイな卵形になり、めがね美人といわれるようになった。（Kさん・36歳）

下ぶくれの丸顔は、子どものころからのコンプレックスです。忘れもしません、20代のころ、「思い切ってフェイスラインを出したほうが小顔に見える」と思い込み、ショートカットにした日のことを。周りから「タヌキみたい！」と酷評され、それ以来フェイスラインを隠す長めのボブスタイルで過ごしてきたのです。

そんな私に変化が訪れたのは、顔ダンスをはじめて3カ月たったころのこと。なんとなく顔の下半分がスッキリ引き締まったように変わってきたのです。家族からも、「フェイスラインがキレイになった」「顔の形が卵形になった」といわれるようになりました。

私はめがねをかけているのですが、先日、初対面の人から「小顔でめがね美人ですね」と、いままでいわれたことのないような言葉をかけられたのです。

自分の外見に自信が持てるようになり、顔ダンスに出合えて本当によかった！　これからも続けていきたいと思います。

顔ダンスで若返った！

人生が変わった！

Happy Report

口元が美しく変わって10年前よりも美人になったといわれ、自分の顔が好きになった。（Mさん・35歳）

顔ダンスをはじめて約3年になります。産後、急激な老け顔に悩んでいたころ、顔ダンスに出合い、忙しい育児の合間にも気分転換を兼ねて続けてきました。ときには子どもと一緒に実践することもあり、顔ダンスは私の生活の一部になっています。そして最近、「以前よりも美人になった」「若いころよりもいまのほうがキレイ」といわれることが多くなったのです。10年前の写真といまの写真を見くらべると、口元が明らかに違っています。

以前は笑っても口元が不自然にゆがんでおり、笑顔に自信が持てませんでした。ところがいまでは、口角が上がってフェイスラインがスッキリ引き上がっているのです。当時は自分の顔が大嫌いで、写真を撮られることもカメラの前で笑顔になることも苦手でした。

いまでも写真はあまり好きではありませんが、周りの声を励みに、外見に自信のなかった自分を受け入れ、大切にしながら、これからも自分磨きに努めていきたいと思います。

5年ぶりに会った友人から「若返った」といわれ、毎日が楽しく前向きに。（Tさん・40歳）

顔ダンスをはじめて約1年です。5年ぶりに昔の友人と集まり、お茶を飲んだときのことです。そのときのメンバーから口々に「若返ったね。何かやったの？」といわれたのです。若返っただけでなく、笑顔や表情がとても素敵ともほめられました。実践している美容法は顔ダンスだけでしたから、そんなに劇的に変わったのかと驚くばかりでしたが、内心うれしくてたまりませんでした。

その日から常に口角を上げるよう意識して過ごしたところ、無意識でも口角が自然と上がるようになってきました。

そうしていると、どんなことにも不思議と意欲的な態度で臨めるように、自分の気持ちが大きく変わってきたことに気づきました。何をするにも前向きな気持ちで取り組めるようになってきたのです。笑顔を作ると、自然と心にも作用するって本当ですね。

人生がよい方向へ回りはじめたようで、この好循環を楽しみながら顔ダンスを続けているところです。

Epilogue

美容整形と顔ダンスのあいだに起きた奇跡

最後まで読んでくださいまして、ありがとうございました。

わたくしが30代後半から老け顔に悩み苦しみ、若返りのため試行錯誤に明け暮れた結果、誕生したのが「顔ダンス」です。

今回、実践しやすく改良したメソッドを本書で初公開しています。

女性の40歳前後は、本来ならばそれまでの経験や智恵が熟成され、人生の大輪の花を咲かせる時期であるはずです。

それなのに現実は、たるむ一方、ふえる一方のシワやシミなどの容貌のくずれにどん底まで落ち込み、老けることへの不安や恐れでいてもたってもいられなくなる。

その心細さたるや、実際に経験した者にしかわからない恐怖です。

老けていく自分とどう折り合っていくのか。

たるみが顕著になる外見と、いつまでも若くありたいと願う内面とのギャップをどう埋めていくのか。

これはわたくしたち女性の永遠のテーマです。

わたくし自身、老け顔にどん底まで悩み抜き、ついには美容外科の門をくぐり、カウンセリングを受け、フェイスリフト手術の予約を取るほどまで追い詰められた経験者です。

最終的には「自分の顔を人まかせにしていいのか」、「美容整形してもこれで顔の老化がすべて解決するわけではないかもしれない」、「今後も美容整形を重ねていくことになるけれど、本当にその覚悟はあるのか」と自問自答した結果、手術直前で思いとどまりはしましたが、この瞬間がわたくしの人生の分かれ道だったのです。

その日を境に、わたくしとたるみとの格闘がはじまり、自分の顔を実験台にさまざまな美容術を実戦し、検証を重ねた末、顔ダンスが誕生したのです。

顔ダンスの効果は絶大でした。顔ダンスを実践してからしばらくして出会った周囲の人たちの反応はというと、「なんだか若返ったね！」「雰囲気が変わったけど、整形でもしたの？」……。

そして「キラキラ輝いてるね！」と声をかけられた日のことは一生忘れられません。

とにかく、わたくしの人生は一変したのです。

顔が若返ると不思議と何事にも意欲的になれ、毎日がウキウキと楽しく変わっていきました。

もともと自分の顔を若返らせるために開発した顔ダンスでしたが、そのメソッドを「たるみを解消して顔も体も10歳若返る女磨き塾」というブログで公開したところ、「私も若返りました！」という声を多くの方からいただくようになりました。

ブログのアクセス数もふえ、大反響となったのです。顔ダンスが多くの方々のお役に立てるとわかったときの喜びは、何ものにも代えがたいものでした。

そんなジタバタをくり返してきたわたくしがいま、声を大にしていえることは、「大丈夫、たるみは自力で引き上げられます！」ということ。

顔の筋肉の構造をよく理解し、それぞれに合ったアプローチをして活性化することで、顔は次第に若返っていきます。将来のたるみを防ぐことも夢ではありません。

さらに、顔ダンスは、顔の各部のたるみを改善しながら、笑顔を作る筋肉を強化していきますから、自然に笑顔が定着し、人相がよくなっていきます。

いつも笑顔でいれば、人が集まります。人に恵まれると、幸せな環境を生み出していきます。また、笑顔でいるとエンドルフィンなどの幸せホルモンの分泌が高まり、美肌になるといわれています。

もともと仏頂面で損ばかりしていたわたくしですが、笑顔でいることが多くなると、本当にたくさんの素敵な出会いに恵まれるようになりました。これも笑顔による絶大な効果に違いありません。

年齢を重ねても、魅力あふれる若々しい顔を持ち続けることは不可能ではないのです。

そして、美しく年を重ねるコツは、自分の顔を好きになること。これが基本です。

いままで頑張ってきたあなただけの大切な自分の顔。その顔に自信を持ち、たくさんの愛情を注いであげましょう。

実は、わたくし自身の密かな決めごとなのですが……。みなさんに告白しますね！

年齢は、いままで生きてきたわたくしの勲章だから隠しませんが、密かに心に決めた外見年齢があります。

それは35歳（!）。

今年52歳のわたくしですが、自分で常に意識している顔は、35歳のときの顔なのです。まさにマイナス17歳ですが、それでも自分の外見年齢は35歳、と心の中でそう決めています。

すると、鏡の中に35歳の自分が見えます。目袋もほうれい線もたるみも、老け感などどこにもない35歳の自分。

「わたくしは35歳のままで生きていく！」そう強くイメージすることで、実際の外見も次第に近づいてくるのだと信じているのです。

外見はメンタルに大きく影響しますから、みなさんも「この年齢で生きていきたい！」と思う外見年齢を心に決めてみてはいかがでしょうか。

そして現在、わたくしが目指しているのが、世の女性が一人残らず、老けの恐怖から解放される一助となること。

安全で楽しく、どんなに忙しくても手軽に実践できて、できるだけお金がかからない方法を、これからもセミナーやさまざまな機会を通じて発信し続けていくこと。

これがわたくしの目標であり、夢でもあります。

顔ダンスで悩みが解決すると、笑顔の輪がどんどん広がっていきます。老けの苦しみから自由になると、人生が輝きはじめ、心から笑える自分を実感できるはず。

女性が輝くと、家庭の中もうるおい、地域が活性化し、そして社会全体がエネルギッシュな輝きを増していきます。

幸せな女性がふえることで、世の中が変わるといってもいいかもしれません。

顔ダンスで美しく年を重ね、人生を心から楽しんでいただけるよう願っています。

おきゃんママ

おきゃんママ

たるみ改善コンサルタント。ライブドアブログランキング「スキンケア部門」１位の人気ブログ『たるみを解消して顔も体も10歳若返る女磨き塾』塾長。自身の顔を実験台に、さまざまな美容術を実践、検証を重ね、編み出した「たるみ改善プログラム」の提唱者。今回、そのメソッドをバージョンアップし、超実践版として本書を上梓。「自力でたるみを解消して10歳若返る」というミッションを遂行すべく、「加藤ひとみ」名でも全国でセミナー活動を展開中。

◎たるみを解消して顔も体も10歳若返る女磨き塾
http://tarumi.livedoor.biz
◎一般社団法人日本セルフリフティング協会
http://self-lifting.jp

※本書は、ブログ『たるみを解消して顔も体も10歳若返る女磨き塾』をベースに、「たるみ改善プログラム」のメソッドに特化して新たに編集したものです。

デザイン
門川純子・佐々木恵実（ダグハウス）
イラスト
中島香奈
撮影
岡田ナツ子
モデル
増田奈津美（オスカープロモーション）
ヘアメイク
kim kyong hee
校正
株式会社円水社
編集
三宅礼子
DTP
株式会社明昌堂

たるみが消える！
顔ダンス

発行日　2014年 6 月20日　初版第1刷発行
　　　　2014年11月 5 日　　　第4刷発行
著者　　おきゃんママ
発行者　小穴康二
発行　　株式会社世界文化社
〒102-8187
東京都千代田区九段北4-2-29
電話03-3262-5118（編集部）
電話03-3262-5115（販売部）
印刷・製本　凸版印刷株式会社

ISBN978-4-418-14412-9